1854

BIBLIOTHÈQUE
LATINE-FRANÇAISE

PUBLIÉE

PAR

C. L. F. PANCKOUCKE.

Exegi monumentum ære perennius.
(Hor., *Od.* lib. III, ode 30.)

PARIS. — IMPRIMERIE DE C. L. F. PANCKOUCKE,
Rue des Poitevins, n. 14.

POÉSIES

DE

C. V. CATULLE

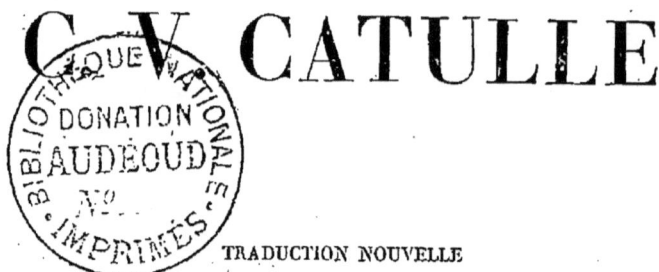

TRADUCTION NOUVELLE

PAR CH. HÉGUIN DE GUERLE

PROFESSEUR AU COLLÈGE ROYAL DE LOUIS-LE-GRAND,
AUTEUR DES TRADUCTIONS DE PÉTRONE, DE CLAUDIEN,
ET DE L'ART D'AIMER D'OVIDE.

PARIS

C. L. F. PANCKOUCKE

MEMBRE DE L'ORDRE ROYAL DE LA LÉGION D'HONNEUR
ÉDITEUR, RUE DES POITEVINS, N° 14.

M DCCC XXXVII.

NOTICE

SUR C. V. CATULLE.

Nous n'imiterons pas dans cette Notice l'exemple suivi par la plupart des traducteurs qui, se mettant à deux genoux devant leur modèle, lui prodiguent les formules les plus emphathiques de l'éloge et de l'admiration. Bonnes gens, qui croient se grandir de toute l'importance qu'ils donnent à l'auteur qu'ils traduisent, et qui ne voient pas qu'en exagérant son mérite ils donnent aux lecteurs qui ne comprennent pas l'original, le droit de se montrer plus sévères envers la copie.

Nous nous proposons, dans cette Notice, d'apprécier Catulle à sa juste valeur; d'examiner ce qu'il doit aux poètes grecs, et ce dont la poésie latine lui est redevable. Dans ce jugement impartial nous mettrons en ligne de compte l'état d'imperfection où il trouva l'art métrique et le degré de perfection auquel il le porta. Enfin, nous espérons prouver que, si Catulle n'égala ni Horace dans le genre lyrique, ni Tibulle et Properce dans l'élégie, il aplanit du moins la voie où ses successeurs marchèrent ensuite avec plus d'aisance, mais non pas, selon nous, avec plus de gloire. Donc, pour bien juger Catulle, nous jetterons un coup d'œil sur l'époque à laquelle il vécut, sur les difficultés qu'il eut à surmonter, sur les succès qu'il obtint, et nous pèserons dans une juste balance les qualités qui lui appartiennent en propre, et les défauts qu'il faut attribuer en grande partie à la grossièreté des mœurs de son siècle.

Par un préjugé dont les hommes les plus érudits sont rarement exempts, on se figure généralement que les Romains du temps de Cicéron et de César étaient le peuple le plus policé de l'antiquité ; c'est une erreur grave que les écrits de Catulle suffiraient au besoin pour démentir. Enrichis tout à coup par les dépouilles des peuples qu'ils avaient conquis, les Romains ressemblaient à ces gens qui, sortis de la lie du peuple, se trouvent tout à coup à la tête d'une grande fortune ; vainement ils déployaient un luxe effréné, vainement ils se couvraient d'or et de pourpre, on voyait toujours percer, à travers cet éclat d'emprunt, la rusticité de leurs mœurs primitives : c'était toujours le peuple de Romulus, ce peuple pasteur et guerrier, qui passait sans transition de la discipline sévère des camps aux excès de la débauche la plus crapuleuse.

Un écrivain spirituel a dit :

Græcia capta cepit ferum victorem.

Toutefois les arts de la Grèce, quoique cultivés à cette époque avec une grande faveur, n'avaient point tellement apprivoisé les vainqueurs, qu'il ne leur restât encore beaucoup de leur brutalité soldatesque.

Ce fut au milieu de cette société demi-barbare, demi-civilisée que vécut notre poète, et cette considération ajoute beaucoup au mérite de ses poésies, dont quelques-unes sont des modèles de grâce naïve et de spirituel enjouement qui n'ont point été surpassés depuis.

Caïus Valerius Catullus naquit, selon la *Chronique* de saint Jérôme, l'an de Rome 667, sous le consulat de Lucius Cornelius Cinna et de Cnéus Octavius. Les savans sont partagés sur le lieu de sa naissance : les uns le placent à Sermione, où il possédait une jolie maison de campagne qu'il a chantée en beaux vers[1] ; les autres à Vérone, et cette opinion, la plus accréditée, s'appuie sur des passages d'Ovide[2],

---

1. Carm. XXXI *ad Sirmionem peninsulam.*
2. Lib. III *Amorum*, eleg. 15.

de Pline l'Ancien[1], d'Ausone[2], et surtout de Martial, qui a dit positivement, liv. xiv, épigr. 195 :

> Tantum magna suo debet Verona Catullo,
> Quantum parva suo Mantua Virgilio!

Bien qu'il ne soit pas certain que Valerius, son père, appartînt à la famille patricienne de ce nom, il y a tout lieu de croire que c'était un homme au dessus du vulgaire, puisque, au rapport de Suétone[3], il était lié à César par des relations d'hospitalité que n'interrompirent pas même les sanglantes épigrammes du fils contre le vainqueur des Gaules. Il paraît que Catulle hérita de son père un assez riche patrimoine, puisqu'il possédait un petit domaine dans la campagne de Tibur[4], et sur les bords du lac de Garde, une villa dont les ruines subsistent encore, à ce qu'on croit, à l'extrémité de la presqu'île de Sermione[5].

Comme la plupart des poètes, Catulle ne sut pas ménager sa fortune. Ami des plaisirs et de la bonne chère, amant volage de ces beautés vénales pour lesquelles se ruinaient les jeunes Romains, il se vit obligé d'engager ses biens pour se procurer de l'argent[6]. Le plus souvent sa bourse était vide et *pleine de toiles d'araignées*, comme il le dit plaisamment dans ses vers à Fabullus[7] :

> ....Tui Catulli
> Plenus sacculus est aranearum.

Cet état de gêne ne l'empêcha pas d'être lié avec tout ce que Rome comptait d'hommes distingués à cette époque : Cor-

1. *Hist. Nat.*, lib. xxviii, c. 2.
2. *Drepanio Pacato Latino.*
3. *In Julio*, c. lxxiii.
4. Carm. xliv *ad Fundum.*
5. Voir le *Journal historique des opérations militaires du siège de Peschiera*, par F. Hénin, qui donne le plan et la description de la maison de Catulle.
6. Carm. xxvi *ad Furium.*
7. Carm. xiii *ad Fabullum.*

nelius Nepos, auquel il dédia son livre, Cicéron, Manlius, Torquatus, Alphenus Varus, savant jurisconsulte, Licinius Calvus, poète et orateur célèbre, et Caton, non pas celui d'Utique, si célèbre par l'austérité de ses mœurs, mais Caton le grammairien, dont Suétone a parlé dans son traité *des Grammairiens illustres*, ch. XI. Ce fut sans doute pour réparer le délabrement de sa fortune, qu'il fit le voyage de Bithynie à la suite du préteur Memmius[1]. Ce voyage fut doublement malheureux; car, au lieu d'en revenir plus riche, il en fut pour ses frais de route, qui ne lui furent pas même remboursés[2]: cependant il plaisante sur son infortune avec toute l'insouciance d'un véritable épicurien qui ne regrette dans les richesses que les plaisirs qu'elles eussent pu lui procurer.

Un malheur dont il ne se consola jamais, ce fut la perte d'un frère adoré qui mourut à la fleur de l'âge en parcourant la Troade. A peine instruit de ce cruel évènement, Catulle s'exposa à tous les dangers d'une navigation lointaine pour rendre les derniers devoirs aux restes de son frère; mais il n'eut pas la triste satisfaction de placer ses cendres dans le tombeau de leurs ancêtres. Il a consigné ses regrets en plusieurs endroits de ses ouvrages[3] que l'on ne peut lire sans attendrissement; mais, nulle part, l'expression de sa douleur n'est plus touchante ni plus vraie que dans ce passage de son épître à Manlius (LXVIII) que je ne puis résister au plaisir de citer:

........Hei misero frater adempte mihi!
Hei misero fratri jucundum lumen ademptum!
   Tecum una tota est nostra sepulta domus;
Omnia tecum una perierunt gaudia nostra;
   Quæ tuus in vita dulcis alebat amor.
Quem nunc tam longe non inter nota sepulcra,
   Nec prope cognatos compositum cineres,

---

1. Carm. X *de Vari scorto*.
2. Carm. XXVIII *ad Verannium et Fabullum*.
3. Carm. CI *Inferiæ ad fratris tumulum*; Carm. LXV *ad Hortalum*.

Sed Troja obscena, Troja infelice sepultum
Detinet extremo terra aliena solo.

Tels sont à peu près les seuls détails historiques que nous possédions sur la vie de Catulle qui, comme celle de la plupart des gens de lettres, renferme peu d'évènemens importans. Nous n'imiterons donc pas Corradini, qui, dans la vie de notre poète, n'hésite pas à nous donner de lui un signalement aussi exact que s'il eût été fait au bureau des passe-ports : *Fuit Catullus*, dit-il, *facie honesta, colore bono, ore bellulo, ac dentibus albis, fuit et natura vegeti.* Il entre ensuite dans l'énumération de ses amis et de ses maîtresses, puis vient le détail minutieux de tous ses voyages, dans lequel nous ne suivrons pas le commentateur italien dont les assertions ne sont fondées sur aucun document certain.

Nous regrettons de ne pouvoir offrir à nos lecteurs que des conjectures sur cette aimable Lesbie que les vers de Catulle ont immortalisée, et qui paraît avoir été l'objet constant de ses affections, malgré les nombreuses distractions qu'il se permit, peut-être pour se venger des infidélités de sa maîtresse. C'est à elle que s'adressent les plus jolies pièces de notre auteur, et toutes les fois qu'il la chante il est heureusement inspiré. Il faut en excepter toutefois celle de ses épigrammes où il lui reproche en termes un peu grossiers de se prêter, au coin des rues, aux amoureux caprices de tous les enfans de Romulus [1] ; ce qui donnerait lieu de soupçonner que, comme celle de Tibulle, sa maîtresse n'était qu'une de ces courtisanes qui se livraient au plus offrant et dernier enchérisseur. Corradini prétend que cette Lesbie était une affranchie de Clodius ; mais Apulée, plus rapproché que lui du temps où vivait notre poète, et plus à portée, par conséquent, de recueillir les anecdotes de ce genre, nous apprend que sous le pseudonyme de Lesbia est cachée une certaine Clodia, sœur de ce fougueux Clodius qui tomba sous les coups de Milon, et qui fut l'ennemi personnel de Cicéron.

1. Carm. LVIII *ad Cœlium.*

Ce qu'il y a de certain, c'est que Lesbie était mariée, et que, non content de tromper le mari, Catulle ne lui épargnait pas les épigrammes et même les noms peu flatteurs de *stupor* et de *mulus*[1]. Nouvelle preuve que les anciens étaient beaucoup moins civilisés que les modernes; car, chez nous, l'amant de la femme est presque toujours l'ami intime du mari.

Cependant, au milieu de la vie dissipée qu'il menait à Rome, Catulle conserva toujours les sentimens d'un honnête homme et d'un vrai républicain. De là sa haine contre César, dont il prévoyait sans doute l'usurpation (car il paraît qu'il n'en fut pas témoin), et qu'il accabla d'épigrammes sanglantes, qui, au dire de Suétone[2] imprimèrent au rival de Pompée une honte indélébile. César, soit par une politique habile, soit par un penchant naturel à la clémence, pardonna à notre poète et continua de le faire asseoir à sa table, où, par estime pour son talent, il l'avait toujours admis. Tant, en fait d'opposition, les Romains avaient des idées plus larges que les nôtres !

Mais c'est assez nous occuper de la personne de Catulle, parlons de ses ouvrages. Ce qui nous frappe d'abord en les lisant, c'est l'imitation des formes grecques. Quelques années seulement s'étaient écoulées depuis qu'un édit des censeurs Cnéus Domitius Ahenobarbus et Lucius Licinius Crassus avait banni de Rome les grammairiens et les philosophes grecs, accusés de corrompre la jeunesse; et pourtant les citoyens les plus distingués de la république, sans même en excepter Caton, s'empressaient à l'envi d'étudier les chefs-d'œuvre de la Grèce. C'était à qui imiterait ces belles et savantes compositions : Lucrèce reproduisait dans ses vers énergiques la philosophie d'Épicure; Cicéron étudiait dans Démosthène l'art d'émouvoir ses auditeurs; Salluste écrivait l'histoire de son temps avec le crayon de Thucydide. Ce fut au milieu de cette tendance générale des esprits, que parut Catulle, et il était im-

---

[1]. Carm. XVII *ad Coloniam*; Carm. LXXXIV *In maritum Lesbiæ*.
[2]. *In Julio*, c. LXXIII.

possible qu'il échappât à cette influence littéraire ; aussi s'était-il tellement imbu du génie de Sapho, d'Anacréon et de Callimaque, que l'on dirait de lui que c'est un Grec qui écrivait en latin. Il ne se borna pas à imiter les idées de ses modèles, il leur emprunta jusqu'à la forme de leurs vers, et dota la prosodie latine de plusieurs mètres qu'elle ne possédait pas encore, surtout dans le genre lyrique et élégiaque. Il réussit d'autant plus facilement dans cette entreprise, qu'il fut mieux secondé par l'espèce de ressemblance et d'homogénéité qui existait entre les deux langues grecque et latine.

Comme la plupart des grands poètes, Catulle commença donc par être imitateur ; c'est ainsi qu'il traduisit presque littéralement de Sapho son ode LI, *à Lesbie :*

> Ille mi par esse Deo videtur,
> Ille, si fas est, superare Divos,
> Qui sedens adversus identidem te
> Spectat et audit.

Nous assignerons à cette première époque de sa carrière littéraire la pièce intitulée : *de Coma Berenices*, qui n'est, à ce qu'on croit, qu'une imitation du poëme de Callimaque sur le même sujet. Malheureusement il est impossible de comparer la copie à l'original qui n'est pas parvenu jusqu'à nous.

Nous sommes fortement tentés de regarder aussi comme d'origine grecque le fragment *de Berecynthia et Aty*, qui peut-être n'est pas de Catulle, mais de Cécilius, son ami, comme semblent le prouver ces vers de la pièce XXXV :

> .....Quo tempore legit inchoatam
> Dyndimi dominam......

Ici, selon nous, s'arrêtent les obligations de Catulle envers les Grecs. Vainement quelques commentateurs ont prétendu prouver qu'il leur était encore redevable de son beau poëme des *Noces de Thétis et de Pélée*[1], et de l'*Épithalame de Manlius*

---

[1]. *Voyez*, au sujet de ce poëme, l'analyse que nous en avons donnée dans nos notes, d'après l'abbé Arnaud, page 253.

et de Julie. Cette assertion est dénuée de toute preuve; et tant qu'on ne nous montrera pas les modèles dont ils sont imités, nous aurons le droit de regarder ces deux poëmes comme originaux. Le dernier surtout, l'*Épithalame de Manlius*, est tellement rempli d'allusions aux mœurs des Romains, qu'il est impossible de ne pas y reconnaître une composition toute latine. Je renvoie, à ce sujet, le lecteur aux excellentes raisons que donne M. Naudet, dans sa Notice sur cet épithalame [1], pour prouver qu'il appartient en propre à Catulle.

Il nous reste maintenant à parler des élégies et des épigrammes de Catulle. Ses élégies, ou du moins celles de ses pièces auxquelles on est convenu de donner ce nom qui ne convient qu'à un très-petit nombre d'entre elles, sont, selon nous, le plus beau fleuron de sa couronne poétique; c'est là qu'il se montre vraiment original, vraiment lui. « Ce sont, dit La Harpe [2], de petits chefs-d'œuvre où il n'y a pas un mot qui ne soit précieux, mais qu'il est aussi impossible d'analyser que de traduire. Celui qui pourra expliquer le charme des regards, du sourire, de la démarche d'une femme aimable, celui-là pourra expliquer le charme des vers de Catulle. Les amateurs les savent par cœur, et Racine les citait souvent avec admiration. » C'est là que notre auteur prodigue toutes les grâces d'une poésie élégante à la fois et naïve, un bonheur d'expression qui n'a jamais été surpassé et rarement égalé; surtout ces délicieux diminutifs *suaviolum dulcius ambrosia*, *brachiolum teres puellæ*, *solatiolum doloris*, et *turgiduli flendo ocelli*, et mille autres passages d'un naturel charmant et inimitable, dont quelques pièces de Marot peuvent seules, en français, nous offrir une idée. Sans doute ceux qui aiment

> La plaintive élégie, en longs habits de deuil,
> Qui, les cheveux épars, gémit sur un cercueil,

selon la définition de Boileau, ne trouveront pas dans celles

1. *Voyez* plus loin, page 245.
2. *Cours de Littérature*, ch. x.

de Catulle de quoi nourrir leur sensibilité mélancolique ; mais ils ne doivent pas oublier aussi que, selon la définition du législateur du Parnasse,

> Elle peint des amans la joie et la tristesse.

En effet, Tibulle et Properce ont donné le titre d'élégies à des pièces qui certes n'ont rien de plaintif. Témoin ce passage de Properce, liv. II, élég. 15 :

> O me felicem ! o nox mihi candida ! et o tu,
> Lectule, deliciis facte beate meis ! etc.

C'est ainsi que Catulle entendait l'élégie, qui, chez lui, ressemble plus souvent aux odes d'Anacréon qu'aux *Tristes* d'Ovide. D'ailleurs le nom ne fait rien à l'affaire, et quel que soit celui qu'on donne à ses poésies érotiques, elles n'en sont pas moins ce que la muse latine a produit, si non de plus attendrissant, du moins de plus gracieux en ce genre.

Passer des élégies de Catulle à ses épigrammes, c'est passer d'un élégant boudoir dans un infâme lupanar. On a peine à concevoir qu'un écrivain d'un goût aussi pur, aussi délicat, ait pu se permettre tant de mots grossiers, tant d'expressions révoltantes. Dans ses écrits obscènes, Catulle ressemble aux compagnons d'Ulysse : l'aimable disciple des Muses se change en un immonde pourceau, tant il semble se plaire dans la fange ! Nous avons dit plus haut les raisons auxquelles il faut attribuer les excès de Catulle en ce genre : ce défaut, grave sans doute, est moins le sien que celui de son siècle. Toutefois, malgré notre admiration sincère pour Catulle, nous ne saurions le lire sans dégoût lorsqu'il prodigue à ses ennemis les plus sales injures et tout le vocabulaire des mauvais lieux ; et nous ne pouvons pour notre part concevoir l'aveuglement de ceux qui, dans l'épigramme, le préfèrent à Martial [1]. Celui-ci

---

1. On peut citer à ce propos, et comme un exemple de fanatisme littéraire, ce sénateur vénitien (Novagero était son nom) qui, pour preuve de son mé-

sans doute n'est guère plus décent ; mais il a mis beaucoup plus d'esprit et de finesse dans ces petits poëmes dont un trait piquant, un mot heureux, souvent même une tournure délicate et naïve font tout le prix.

Ce serait ici le lieu d'examiner si le *Pervigilium Veneris*, que l'on a souvent attribué à Catulle, est de lui. Mais, pour tout homme qui a étudié le style et la manière de notre auteur, cela ne peut faire question. Il est impossible de reconnaître un poète dont les grâces naturelles sont le principal mérite dans cet ouvrage plein d'afféterie et d'ornemens mignards et superflus. Il paraît d'ailleurs que nous ne possédons pas tous les ouvrages de Catulle. En effet, Pline, dans son *Histoire Naturelle* (liv. xxviii, ch. 2), parle d'un poëme sur les enchantemens en amour dont il ne reste pas un mot ; et Terentius Maurus cite quelques vers d'un autre poëme qui a également péri. Quant à celui de *Ciris*, dont quelques savans ont prétendu qu'il était l'auteur, et que plus communément on attribue à Virgile, il n'appartient probablement ni à l'un ni à l'autre.

Jules Scaliger, au liv. vi de son *Hypercritique*, ou *Traité de la Poétique*, s'étonne de la qualification de *doctus* donnée à notre poète par plusieurs écrivains latins, entre autres, Tibulle, Ovide, Martial ; et il dit à ce sujet : *Catullo* DOCTI *nomen quare sit ab antiquis attributum, neque apud alios comperi, neque in mentem venit mihi; nihil enim non vulgare est in ejus libris.* Ce jugement sévère de la part d'un homme aussi en état que Scaliger d'apprécier le mérite de Catulle, est d'autant plus extraordinaire, qu'il était né comme lui à Vérone, et que l'amour-propre national eût dû au moins l'engager à traiter plus favorablement son illustre compatriote. D'ailleurs Scaliger s'est mépris, s'il a cru que, par cette épithète de *doctus*, les anciens aient voulu désigner l'érudition de Catulle : il oubliait

pris pour Martial et de son admiration pour Catulle, à un certain jour de l'année sacrifiait aux mânes de ce dernier un exemplaire de Martial, qu'il jetait solennellement dans les flammes.

que ce mot s'applique souvent à un homme habile dans un art quelconque. C'est dans ce sens qu'Horace a dit *doctus cantare,* et Columelle *doctissimus agricola.* Mais c'est trop nous appesantir sur une discussion philologique à laquelle Catulle eût sans doute attaché peu d'importance; car il traite de bagatelles (*nugæ*) les productions de sa muse aimable et facile[1].

Il ne nous reste plus qu'à parler des éditeurs, des commentateurs et des traducteurs de Catulle; et, certes, rien ne serait plus facile, car il nous suffirait pour cela de copier l'index de l'édition Bipontine avec les additions de Valpy et de Barbier; mais ce serait, ce nous semble, grossir ce volume sans grand profit pour le lecteur : il lui suffira sans doute de savoir que le texte que nous avons suivi est celui de Doëring avec les judicieuses corrections que M. Naudet de l'Institut y a faites dans son excellente édition de Catulle qui fait partie de la *Bibliothèque Classique latine de Lemaire,* et dont les notes nous ont été fort utiles pour l'intelligence des passages les plus difficiles.

Quant aux traducteurs, notre jugement sur leur compte pourrait paraître suspect, et nous nous abstiendrons d'en parler. Nous ne pouvons toutefois passer sous silence l'estimable travail de M. Noël, qui ne laisserait rien à désirer, si, par un scrupule qui lui fait honneur, mais que nous ne saurions partager, il ne s'était cru obligé de déguiser les passages licencieux de Catulle au point de les rendre souvent méconnaissables. Nous avons fait ailleurs notre profession de foi à cet égard[2]. Il faut, selon nous, ou rendre un auteur tel qu'il est, avec ses qualités et ses défauts, ou renoncer à le traduire, et surtout ne pas imiter la fausse délicatesse de Pezay, qui, dans son élégante, mais infidèle version de Catulle, change sans cesse Juventius en Juventia, Aufilenus en Aufilena, et donne à un Romain sans pudeur l'air et le ton galant d'un marquis du temps de la Régence.

---

1. Carm. I *ad Cornelium Nepotem.*
2. L'Avertissement de notre traduction de *l'Art d'Aimer,* d'Ovide.

Ici se termine la tâche dont nous nous-étions chargés dans la *Bibliothèque Latine-Française*, où nous avons donné, pour notre part, outre cette traduction de Catulle, celles de *Pétrone*, de *l'Art d'aimer* et du *Remède d'amour* d'*Ovide*, et contribué à celle de *Claudien*. C'est sans doute une bien faible partie de cet immense travail; mais, quel que soit le rang qu'on nous assigne parmi les nombreux collaborateurs de cette Collection, nous sommes fiers d'avoir apporté notre pierre à ce grand monument qui ne fait pas moins d'honneur à notre époque qu'à l'éditeur persévérant et consciencieux qui, pour l'élever, n'a épargné ni soins ni dépenses, au milieu des circonstances les moins favorables à une entreprise de cette nature.

C. H. DE GUERLE.

CATULLE.

C. V. CATULLI
CARMINUM
LIBER.

I.

AD CORNELIUM NEPOTEM.

Quoi dono lepidum novum libellum,
Arida modo pumice expolitum?
Corneli, tibi : namque tu solebas
Meas esse aliquid putare nugas,
Jam tum, quum ausus es unus Italorum
Omne ævum tribus explicare chartis,
Doctis, Jupiter! et laboriosis.
Quare habe tibi, quidquid hoc libelli est,
Qualecunque : quod, o patrona Virgo,
Plus uno maneat perenne seclo.

POÉSIES DE C. V. CATULLE.

I.

A CORNELIUS NEPOS.

A qui dédier ces vers badins et d'un genre nouveau, ce livre que la ponce aride vient de polir? A toi, Cornelius, à toi qui daignais attacher déjà quelque prix à ces bagatelles, alors que tu osas, le premier des Romains, dérouler en trois livres toute l'histoire des âges, œuvre savante, grands dieux! et laborieuse! Accepte donc ce livre et tout ce qu'il contient, quel qu'en soit le mérite. Et toi, Muse protectrice, fais qu'il vive plus d'un siècle dans la postérité.

II.

AD PASSEREM LESBIÆ.

Passer, deliciæ meæ puellæ,
Quicum ludere, quem in sinu tenere,
Quoi primum digitum dare adpetenti,
Et acris solet incitare morsus:
Quum desiderio meo nitenti
Carum nescio quid lubet jocari
(Ut solatiolum sui doloris:
Credo, ut tum gravis acquiescat ardor)
Tecum ludere, sicut ipsa, possem,
Et tristis animi levare curas;
Tam gratum mihi, quam ferunt puellæ
Pernici aureolum fuisse malum,
Quod zonam soluit diu ligatam.

III.

LUCTUS IN MORTE PASSERIS.

Lugete, o Veneres, Cupidinesque,
Et quantum est hominum venustiorum!
Passer mortuus est meæ puellæ,
Passer, deliciæ meæ puellæ,
Quem plus illa oculis suis amabat:
Nam mellitus erat, suamque norat
Ipsam tam bene, quam puella matrem:
Nec sese a gremio illius movebat;

II.

AU PASSEREAU DE LESBIE.

Passereau, délices de ma jeune maîtresse, compagnon de ses jeux, toi qu'elle cache dans son sein, toi qu'elle agace du doigt et dont elle provoque les ardentes morsures, lorsqu'elle s'efforce, par de joyeux ébats, de tromper l'ennui de mon absence; je me livrerais avec toi à de semblables jeux, s'ils pouvaient calmer l'ardeur qui me dévore, soulager les peines de mon âme. Ah! sans doute, ces jeux me seraient aussi doux que le fut, dit-on, pour la rapide Atalante, la conquête de la pomme d'or qui fit tomber enfin sa ceinture virginale.

III.

IL DÉPLORE LA MORT DU PASSEREAU.

Pleurez, Grâces; pleurez, Amours; pleurez, vous tous, hommes aimables! il n'est plus, le passereau de mon amie, le passereau, délices de ma Lesbie! ce passereau qu'elle aimait plus que ses yeux! Il était si caressant! il connaissait sa maîtresse, comme une jeune fille connaît sa mère : aussi jamais il ne s'éloignait d'elle; mais, voltigeant sans cesse autour de Lesbie, il semblait l'appeler sans cesse par son gazouillement. Et maintenant il erre sur ces ténébreux rivages que l'on

Sed circumsiliens modo huc, modo illuc,
Ad solam dominam usque pipilabat.
Qui nunc it per iter tenebricosum,
Illuc, unde negant redire quemquam:
At vobis male sit, malæ tenebræ
Orci, quæ omnia bella devoratis:
Tam bellum mihi passerem abstulistis.
O factum male! O miselle passer,
Tua nunc opera, meæ puellæ
Flendo turgiduli rubent ocelli!

IV.

DEDICATIO PHASELI.

Phaselus ille, quem videtis, hospites,
Ait fuisse navium celerrimus,
Neque ullius natantis impetum trabis
Nequisse præterire, sive palmulis
Opus foret volare, sive linteo.
Et hoc negat minacis Adriatici
Negare litus, insulasve Cycladas,
Rhodumve nobilem, horridamve Thraciam,
Propontida, trucemve Ponticum sinum;
Ubi iste, post Phaselus, antea fuit
Comata silva: nam Cytorio in jugo
Loquente sæpe sibilum edidit coma.
Amastri Pontica, et Cytore buxifer,
Tibi hæc fuisse et esse cognitissima
Ait Phaselus: ultima ex origine

passe, dit-on, sans retour. Oh! soyez maudites, ténèbres funestes du Ténare, vous qui dévorez tout ce qui est beau; et il était si beau, le passereau que vous m'avez ravi! O forfait! ô malheureux oiseau! c'est pour toi que les beaux yeux de mon amie sont rouges, sont gonflés de larmes.

IV.

DÉDICACE D'UN VAISSEAU.

Amis, voyez-vous cet esquif? il fut, s'il faut l'en croire, le plus rapide des navires. Jamais nul vaisseau ne put le devancer à la course, soit que les voiles, soit que les rames le fissent voler sur les ondes. Il vous défie de le nier, rivages menaçans de l'Adriatique, Cyclades périlleuses, illustre Rhodes, Thrace inhospitalière, Propontide, et vous, rivages de l'Euxin, où naguère, forêt chevelue, il étendait ses rameaux : oui les sommets du Cytore ont souvent retenti du sifflement de son feuillage prophétique. Tout cela, dit-il, vous est connu, et vous pourriez l'attester encore, Amastris, et toi Cytore couronné de buis; car il s'élevait sur vos cimes chenues depuis l'origine du monde. Ses rames se plongèrent pour la première fois dans les ondes qui baignent votre base. C'est de là qu'à travers les vagues déchaînées, il a ramené son maître, soit que le vent soufflât du couchant

Tuo stetisse dicit in cacumine,
Tuo imbuisse palmulas in æquore,
Et inde tot per impotentia freta
Herum tulisse; læva, sive dextera
Vocaret aura, sive utrumque Jupiter
Simul secundus incidisset in pedem;
Neque ulla vota litoralibus Diis
Sibi esse facta, quum veniret a mare
Novissimo hunc ad usque limpidum lacum.
Sed hæc prius fuere : nunc recondita
Senet quiete, seque dedicat tibi,
Gemelle Castor, et gemelle Castoris.

V.

AD LESBIAM.

Vivamus; mea Lesbia, atque amemus,
Rumoresque senum severiorum
Omnes unius æstimemus assis.
Soles occidere et redire possunt :
Nobis, quum semel occidit brevis lux,
Nox est perpetua una dormienda.
Da mi basia mille, deinde centum;
Dein mille altera, dein secunda centum;
Dein usque altera mille, deinde centum :
Dein, quum millia multa fecerimus,
Conturbabimus illa, ne sciamus,
Aut ne quis malus invidere possit,
Quum tantum sciat esse basiorum.

ou de l'aurore, soit qu'Éole propice vînt frapper ses deux flancs à la fois. Pourtant, jamais on n'offrit pour lui de vœux aux dieux du rivage, depuis le jour où, parti de mers inconnues, il vint mouiller sur les rives de ce lac limpide. Tel il était jadis ; et maintenant, vieilli dans le calme du port, il se met sous votre tutelle, couple chéri des nautonniers, Castor, et toi Pollux, frère de Castor.

V.

A LESBIE.

Vivons pour nous aimer, ô ma Lesbie! et moquons-nous des vains murmures de la vieillesse morose. Le jour peut finir et renaître ; mais lorsqu'une fois s'est éteinte la flamme éphémère de notre vie, il nous faut tous dormir d'un sommeil éternel. Donne-moi donc mille baisers, ensuite cent, puis mille autres, puis cent autres, encore mille, encore cent ; alors, après des milliers de baisers pris et rendus, brouillons-en si bien le compte, qu'ignoré de nous-mêmes comme des jaloux, un si grand nombre de baisers ne puisse exciter leur envie.

VI.

AD FLAVIUM.

Flavi, delicias tuas Catullo,
Ni sint illepidæ atque inelegantes,
Velles dicere, nec tacere posses.
Verum nescio quid febriculosi
Scorti diligis : hoc pudet fateri.
Nam, te non viduas jacere noctes
Nequidquam tacitum cubile clamat,
Sertis ac Syrio fragrans olivo,
Pulvinusque peræque et hic et illic
Attritus, tremulique quassa lecti
Argutatio inambulatioque :
Nam mi prævalet ista nil tacere.
Cur nunc tam latera exfututa pandas,
Ni tu quid facias ineptiarum?
Quare quidquid habes boni malique,
Dic nobis. Volo te ac tuos amores
Ad cœlum lepido vocare versu.

VII.

AD LESBIAM.

Quæris, quot mihi basiationes
Tuæ, Lesbia, sint satis superque?
Quam magnus numerus Libyssæ arenæ
Laserpiciferis jacet Cyrenis,

VI.

A FLAVIUS.

Flavius, si la beauté qui te captive avait quelque chose d'aimable, de gracieux, tu voudrais me le dire, tu ne pourrais le taire à ton cher Catulle. Mais tu aimes je ne sais quelle courtisane aux caresses fiévreuses, et tu n'oses me l'avouer. Tes nuits, je le sais, ne se passent pas dans le veuvage; ton lit, bien que muet, dépose contre toi; les guirlandes dont il est orné, les parfums qu'il exhale, ces carreaux, ces coussins partout foulés, les craquemens de cette couche élastique et mobile, tout me révèle ce que tu voudrais me cacher. Pourquoi donc ces flancs amaigris, s'ils ne trahissent tes folies nocturnes? Ainsi donc, fais-moi part de ta bonne ou peut-être de ta mauvaise fortune. Je veux, dans mes vers badins, immortaliser Flavius et ses amours.

VII.

A LESBIE.

Tu me demandes, Lesbie, combien de tes baisers il faudrait pour me satisfaire, pour me forcer à dire, Assez? Autant de grains de sable sont amoncelés en Libye, dans les champs parfumés de Cyrène, entre le temple

Oraclum Jovis inter æstuosi
Et Batti veteris sacrum sepulcrum;
Aut quam sidera multa, quum tacet nox,
Furtivos hominum vident amores:
Tam te basia multa basiare,
Vesano satis et super Catullo est,
Quæ nec pernumerare curiosi
Possint, nec mala fascinare lingua.

VIII.

AD SE IPSUM.

Miser Catulle, desinas ineptire,
Et, quod vides perisse, perditum ducas.
Fulsere quondam candidi tibi soles,
Quum ventitabas, quo puella ducebat
Amata nobis, quantum amabitur nulla.
Ibi illa multa tam jocosa fiebant,
Quæ tu volebas, nec puella nolebat.
Fulsere vere candidi tibi soles.
Nunc jam illa non vult: tu quoque, impotens, noli;
Nec, quæ fugit, sectare; nec miser vive:
Sed obstinata mente perfer, obdura.
Vale, puella: jam Catullus obdurat,
Nec te requiret, nec rogabit invitam.
At tu dolebis, quum rogaberis nulla,
Scelesta, nocte. Quæ tibi manet vita?
Quis nunc te adibit? quoi videberis bella?
Quem nunc amabis? quoius esse diceris?

brûlant de Jupiter et la tombe révérée de l'antique Battus; autant d'astres, par une nuit paisible, éclairent les furtives amours des mortels, autant il faudrait à Catulle de baisers de ta bouche pour étancher sa soif délirante, pour le forcer de dire, Assez. Ah! puisse leur nombre échapper au calcul de l'envie, à la langue funeste des enchanteurs!

VIII.

CATULLE A LUI-MÊME.

Infortuné Catulle, mets un terme à ton délire; ce qui te fuit, ne cherche plus à le ressaisir. De beaux jours ont brillé pour toi, lorsque tu accourais à ces fréquens rendez-vous où t'appelait une jeune beauté, plus chère à ton cœur que nulle ne le sera jamais ; heureux momens ! signalés par tant de joyeux ébats : ce que tu désirais, Lesbie ne le refusait pas. Oh! oui, de beaux jours alors brillaient pour toi! mais, hélas! elle ne veut plus; ne pouvant mieux, cesse toi-même de vouloir; ne poursuis plus la cruelle qui te fuit : pourquoi traîner tes jours dans le malheur? Supporte l'infortune avec constance, endurcis ton âme. Adieu donc, ô Lesbie! déjà Catulle est moins sensible; tu ne le verras plus chercher, supplier une beauté rebelle. Toi aussi, perfide, tu gémiras, lorsque tes nuits s'écouleront sans que nul amant implore tes faveurs. Quel sort t'est réservé? qui te recherchera maintenant? Pour qui seras-tu belle? Quel sera ton amant? De qui seras-tu la conquête?

Quem basiabis? quoi labella mordebis?
At tu, Catulle, destinatus obdura.

IX.

AD VERANNIUM.

Veranni, omnibus e meis amicis
Antistans mihi millibus trecentis,
Venistine domum ad tuos Penates,
Fratresque unanimos, anumque matrem?
Venisti. O mihi nuntii beati!
Visam te incolumem, audiamque Hiberum
Narrantem loca, facta, nationes,
Ut mos est tuus; applicansque collum,
Jucundum os, oculosque suaviabor.
O quantum est hominum beatiorum,
Quid me lætius est beatiusve!

X.

DE VARRI SCORTO.

Varrus me meus ad suos amores
Visum duxerat e Foro otiosum;
Scortillum, ut mihi tum repente visum est,
Non sane illepidum, nec invenustum.
Huc ut venimus, incidere nobis
Sermones varii : in quibus, quid esset

Pour qui tes baisers ? Sur quelles lèvres imprimeras-tu tes morsures ?..... Mais toi, Catulle, courage ! persiste ! endurcis ton âme.

IX.

A VERANNIUS.

Verannius, ô le premier, le plus cher de mes nombreux amis, te voilà donc enfin rendu à tes dieux domestiques, à tes frères qui te confondent dans un même amour, à ta vieille mère ! te voilà donc de retour ! Pour moi, quelle heureuse nouvelle ! Je vais te revoir échappé aux dangers, je vais écouter ces récits où, selon ta coutume, tu nous peindras les contrées de l'Espagne, ses hauts faits, ses peuples divers. Penché sur ton cou, je baiserai tes yeux, je baiserai ta bouche. O vous, les plus heureux des mortels, en est-il un seul parmi vous plus joyeux, plus heureux que moi ?

X.

SUR LA MAÎTRESSE DE VARRUS.

Oisif, je me promenais au Forum ; Varrus, mon cher Varrus m'entraîne chez l'objet banal de ses amours. Au premier coup d'œil, elle ne me parut dénuée ni de charmes ni de grâces. A peine entrés, la conversation s'engage sur différens sujets, entre autres sur la Bithynie : Quel était ce pays, sa situation actuelle ? Mon

Jam Bithynia, quomodo se haberet,
Et quonam mihi profuisset aere?
Respondi, id quod erat : Nihil neque ipsi,
Nec praetoribus esse, nec cohorti,
Cur quisquam caput unctius referret :
Praesertim quibus esset inrumator
Praetor, nec faceret pili cohortem.
At certe tamen, inquiunt, quod illic
Natum dicitur esse, comparasti
Ad lecticam homines : ego, ut puellae
Unum me facerem beatiorem,
Non, inquam, mihi tam fuit maligne,
Ut, provincia quod mala incidisset,
Non possem octo homines parare rectos.
At mî nullus erat, neque hic, neque illic,
Fractum qui veteris pedem grabati
In collo sibi collocare posset.
Hic illa, ut decuit cinaediorem,
Quaeso, inquit, mihi, mi Catulle, paullum
Istos commoda; nam volo ad Serapin
Deferri. Mane, inquii puellae;
Istud, quod modo dixeram me habere,
Fugit me ratio : meus sodalis
Cinna est Caius : is sibi paravit.
Verum, utrum illius, an mei, quid ad me?
Utor tam bene, quam mihi pararim.
Sed tu insulsa male, et molesta vivis,
Per quam non licet esse negligentem.

voyage m'avait-il été profitable? — Je répondis, ce qui était vrai, que ni moi, ni le préteur, ni personne de sa maison, n'en étions revenus plus riches : le moyen qu'il en fût autrement avec un préteur perdu de débauche, et qui se souciait des gens de sa suite comme d'un poil de sa barbe. — Cependant, les porteurs les plus renommés viennent de ce pays; et l'on assure que vous en avez ramené quelques-uns pour votre litière. — Moi, afin de passer aux yeux de la belle pour plus heureux que les autres : Le destin, lui dis-je, ne m'a pas été tellement contraire dans cette triste expédition, que je n'aie pu me procurer huit robustes porteurs (à vrai dire, je n'en avais aucun, ni chez moi ni ailleurs qui fût capable de charger sur ses épaules les débris d'un vieux grabat). — A ces mots, avec l'effronterie d'une courtisane consommée : Veuillez, je vous prie, mon cher Catulle, me les prêter pour quelques instans ; je veux aller au temple de Sérapis. — Un instant, ma belle; je ne sais comment j'ai pu vous dire qu'ils étaient à moi. Vous connaissez Caïus Cinna, mon compagnon de voyage, c'est lui qui les a ramenés. Au reste, qu'importe qu'ils soient à lui ou à moi? je puis m'en servir comme s'ils m'appartenaient. Mais c'est bien mal à vous, c'est bien indiscret, de ne pas permettre aux gens la moindre distraction.

XI.

AD FURIUM ET AURELIUM.

Furi et Aureli, comites Catulli,
Sive in extremos penetrabit Indos,
Litus ut longe resonante Eoa
     Tunditur unda;
Sive in Hircanos, Arabasqne molles,
Seu Sacas, sagittiferosque Parthos,
Sive qua septemgeminus colorat
     Æquora Nilus;
Sive trans altas gradietur Alpes,
Cæsaris visens monumenta magni,
Gallicum Rhenum, horribilesque ulti-
     mosque Britannos;
Omnia hæc, quæcumque feret voluntas
Cœlitum, tentare simul parati,
Pauca nunciate meæ puellæ
     Non bona dicta:
Cum suis vivat valeatque mœchis,
Quos simul complexa tenet trecentos,
Nullum amans vere, sed identidem omnium
     Ilia rumpens.
Nec meum respectet, ut ante, amorem,
Qui illius culpa cecidit; velut prati
Ultimi flos, prætereunte postquam
     Tactus aratro est.

XI.

A FURIUS ET AURELIUS.

Furius, Aurelius, compagnons de Catulle; soit qu'il pénètre jusqu'aux extrémités de l'Inde, dont les rivages retentissent au loin, battus par les flots de la mer Orientale;

Soit qu'il parcoure l'Hyrcanie et la molle Arabie, le pays des Scythes et celui du Parthe aux flèches redoutables, ou les bords du Nil, qui, par sept embouchures, colore la mer de son onde limoneuse;

Soit que, franchissant les cimes ardues des Alpes, il visite les trophées du grand César, le Rhin qui baigne la Gaule, ou les sauvages Bretons, aux bornes du monde;

Je le sais, vous êtes prêts à me suivre partout où me conduira la volonté des dieux. Mais, aujourd'hui, je ne réclame de votre amitié que de porter à ma maîtresse ces tristes paroles :

Qu'elle vive heureuse et tranquille au milieu de cette foule d'amans qu'elle enchaîne par milliers à son char, sans en aimer aucun sincèrement, mais qu'elle énerve tous par ses lascives caresses.

Qu'elle ne compte plus, comme autrefois, sur mon amour, sur cet amour qui a péri par sa faute, comme la fleur des prés qu'a blessée en passant le soc de la charrue.

XII.

AD ASINIUM.

Marrucine Asini, manu sinistra
Non belle uteris in joco atque vino;
Tollis lintea negligentiorum.
Hoc salsum esse putas? fugit te, inepte,
Quamvis sordida res et invenusta est.
Non credis mihi? Crede Pollioni
Fratri, qui tua furta vel talento
Mutari velit: est enim leporum
Disertus puer, ac facetiarum.
Quare aut hendecasyllabos trecentos
Exspecta, aut mihi linteum remitte,
Quod me non movet æstimatione,
Verum est mnemosynon mei sodalis:
Nam sudaria Sætaba ex Hiberis
Miserunt mihi muneri Fabullus
Et Verannius. Hæc amem necesse est
Ut Veranniolum meum et Fabullum.

XIII.

AD FABULLUM.

Coenabis bene, mi Fabulle, apud me
Paucis, si tibi dii favent, diebus,
Si tecum attuleris bonam atque magnam
Cœnam, non sine candida puella,

XII.

CONTRE ASINIUS.

Asinius le Marruccin, tu as la main un peu leste, quand le vin te met en gaîté; tu profites de l'incurie des convives pour escamoter leurs mouchoirs. Tu trouves peut-être cela plaisant? Tu ignores, sot que tu es, que c'est une action basse et ignoble. Tu en doutes? Crois-en donc Pollion, ton frère, qui voudrait à prix d'or effacer le souvenir de tes larcins, dût-il lui en coûter un talent; car il est, lui, un bon juge en fait de gaîtés et de plaisanteries. Ainsi donc, ou renvoie-moi mon mouchoir, ou compte sur des milliers d'épigrammes. Ce n'est pas le prix de cette bagatelle qui me la fait regretter; mais c'est un souvenir d'amitié, c'est un de ces mouchoirs de Sétabis, présent de Fabullus et de Verannius, qui me les ont envoyés d'Espagne; il doit m'être cher, comme tout ce qui me vient de Fabullus et de Verannius.

XIII.

A FABULLUS.

Quel joli souper, mon cher Fabullus, tu feras chez moi dans quelques jours, si les dieux te sont propices, si tu apportes avec toi des mêts délicats et nombreux, sans oublier nymphe jolie, bons vins, force bons mots,

Et vino et sale, et omnibus cachinnis.
Hæc si, inquam, attuleris, venuste noster,
Cœnabis bene : nam tui Catulli
Plenus sacculus est aranearum.
Sed contra accipies meros amores ;
Seu quid suavius elegantiusve est,
Nam unguentum dabo, quod meæ puellæ
Donarunt Veneres, Cupidinesque ;
Quod tu quum olfacies, deos rogabis,
Totum ut te faciant, Fabulle, nasum.

XIV.

AD CALVUM LICINIUM.

Ni te plus oculis meis amarem,
Jucundissime Calve, munere isto
Odissem te odio Vatiniano :
Nam quid feci ego, quidve sum locutus,
Cur me tot male perderes poetis ?
Isti dii mala multa dent clienti,
Qui tantum tibi misit impiorum.
Quod si, ut suspicor, hoc novum ac repertum
Munus dat tibi Sulla litterator ;
Non est mi male, sed bene ac beate,
Quod non dispereunt tui labores.
Dii magni, horribilem et sacrum libellum,
Quem tu scilicet ad tuum Catullum
Misti, continuo ut die periret,

et toute la troupe des Ris ! Viens avec tout cela, mon aimable ami, et le souper sera charmant; car, hélas! la bourse de ton pauvre Catulle n'est pleine que de toiles d'araignées. En échange, tu recevras les témoignages d'une amitié sincère ; et, ce qui surtout rend un repas élégant, agréable, je t'offrirai des parfums dont les Grâces et les Amours ont fait don à ma jeune maîtresse; en les respirant, tu prieras les dieux de te rendre tout nez des pieds à la tête.

XIV.

A CALVUS LICINIUS.

Si je ne t'aimais plus que mes yeux, aimable Calvus, je te haïrais plus que l'odieux Vatinianus, pour un pareil cadeau. Qu'ai-je fait, moi, qu'ai-je dit, pour que tu m'assassines de ce déluge de mauvais poètes? Que les dieux accablent de tout leur courroux celui de tes cliens qui t'envoya tant d'ouvrages maudits. Si, comme je le soupçonne, c'est Sylla le grammairien qui t'a fait ce cadeau, aussi neuf que piquant, je ne m'en plains pas; je me félicite, au contraire, et je me réjouis de voir tes travaux si bien payés ! Grands dieux ! quel horrible, quel exécrable fatras tu as envoyé à ton pauvre Catulle, pour le faire mourir d'ennui dans un aussi beau jour que celui des Saturnales. Mauvais plaisant, tu n'en seras pas quitte à si bon marché ; car demain, dès qu'il sera jour, je cours bouleverser les échoppes des libraires : œuvres de

Saturnalibus, optimo dierum.
Non, non hoc tibi, salse, sic abibit;
Nam, si luxerit, ad librariorum
Curram scrinia : Caesios, Aquinios,
Suffenum, omnia colligam venena,
Ac te his suppliciis remunerabor.
Vos hinc interea valete, abite
Illuc, unde malum pedem tulistis,
Secli incommoda, pessimi poetae.

XV.

AD AURELIUM.

Commendo tibi me ac meos amores,
Aureli : veniam peto pudentem,
Ut, si quidquam animo tuo cupisti,
Quod castum expeteres, et integellum,
Conserves puerum mihi pudice;
Non dico a populo : nihil veremur
Istos, qui in platea modo huc, modo illuc
In re praetereunt sua occupati;
Verum a te metuo, tuoque pene,
Infesto pueris bonis, malisque.
Quem tu, qua lubet, ut lubet, moveto
Quantum vis, ubi erit foris paratum.
Hunc unum excipio, ut puto pudenter.
Quod si te mala mens, furorque vecors
In tantam impulerit, sceleste, culpam,

Césius, d'Aquinius, de Suffénus, je fais collection de toutes ces drogues poétiques, et je te rends supplice pour supplice. Et vous, détalez au plus vite de mon logis, retournez chez le bouquiniste, d'où vous êtes venus à la malheure, fléaux du siècle, détestables poètes !

XV.

A AURELIUS.

Je me recommande à toi, Aurelius, moi et mes amours : c'est, je pense, une demande raisonnable ; et si jamais ton âme conçut le désir de trouver pur et intact l'objet de tes feux, conserve chastement le dépôt que je te confie. Ce n'est pas contre la foule des galans qu'il faut le défendre, je crains peu ces hommes qui passent et repassent uniquement occupés de leurs affaires ; c'est de toi seul que je me défie, de ton priapisme redoutable à tous les adolescens, beaux ou laids. Satisfais tes désirs libertins où il te plaira, comme il te plaira, et tant que tu voudras, dans toutes les ruelles où tu trouveras un mignon de bonne volonté : je n'en excepte que le mien seul ; ce n'est pas, je crois, trop exiger. Mais si tes mauvais penchans, ta lubrique fureur allaient, scélérat, jusqu'à menacer la tête de ton ami ; alors, misérable, malheur à toi ! puisses-tu, les pieds liés, être exposé au

Ut nostrum insidiis caput lacessas;
Ah! tum te miserum, malique fati,
Quem attractis pedibus, patente porta,
Percurrent raphanique, mugilesque.

XVI.

AD AURELIUM ET FURIUM.

Pædicabo ego vos, et inrumabo,
Aureli pathice, et cinæde Furi;
Qui me ex versiculis meis putatis,
Quod sint molliculi, parum pudicum;
Nam castum esse decet pium poetam
Ipsum: versiculos nihil necesse est;
Qui tum denique habent salem ac leporem,
Si sunt molliculi, ac parum pudici,
Et, quod pruriat, incitare possunt,
Non dico pueris, sed his pilosis,
Qui duros nequeunt movere lumbos.
Vos, quod millia multa basiorum
Legistis, male me marem putatis;
Pædicabo ego vos, et inrumabo.

XVII.

AD COLONIAM.

O colonia, quæ cupis ponte ludere longo,
Et salire paratum habes: sed vereris inepta

supplice atroce que le raifort et les mulets font souffrir aux adultères.

XVI.

A AURELIUS ET FURIUS.

Je vous donnerai des preuves de ma virilité, infâme Aurelius, et toi, débauché Furius, vous qui, pour quelques vers un peu libres, m'accusez de libertinage. Sans doute il doit être chaste dans sa vie, le pieux amant des Muses; mais dans ses vers, peu importe: ils ne sont piquans et enjoués que lorsqu'ils peuvent exciter le prurit du désir, je ne dis pas chez l'adolescent, mais chez ces vieillards velus qui ne peuvent plus mouvoir leurs reins engourdis. Vous avez lu ces vers où je parle de plusieurs milliers de baisers, et vous me croyez, comme vous, lâche, efféminé; mais je vous donnerai des preuves de ma virilité.

XVII.

A LA VILLE DE COLONIA.

Colonia, tu désires jouir d'un beau pont pour y prendre tes ébats : tu en as un où tu peux danser; mais

CATULLI CARMEN XVII.

Crura ponticuli adsulitantis, inredivivus
Ne supinus eat, cavaque in palude recumbat;
Sic tibi bonus ex tua pons libidine fiat,
In quo vel Salisubsulis sacra suscipiantur;
Munus hoc mihi maximi da, Colonia, risus.
Quemdam municipem meum de tuo volo ponte
Ire praecipitem in lutum, per caputque pedesque;
Verum totius ut lacus putidaeque paludis
Lividissima, maximeque est profunda vorago.
Insulsissimus est homo, nec sapit pueri instar
Bimuli, tremula patris dormientis in ulna.
Quoi quum sit viridissimo nupta flore puella,
Et puella tenellulo delicatior haedo,
Asservanda nigerrimis diligentius uvis;
Ludere hanc sinit, ut lubet, nec pili facit uni,
Nec se sublevat ex sua parte; sed velut alnus
In fossa Liguri jacet supernata securi;
Tantumdem omnia sentiens, quam si nulla sit usquam,
Talis iste meus stupor nil videt, nihil audit:
Ipse qui sit, utrum sit, an non sit, id quoque nescit.
Nunc eum volo de tuo ponte mittere pronum,
Si pote stolidum repente excitare veternum,
Et supinum animum in gravi derelinquere coeno,
Ferream ut soleam tenaci in voragine mula.

ses arches, mal assurées et chancelantes, te font craindre qu'il ne s'affaisse pour ne plus se relever, et qu'il ne tombe dans le marais profond. Puisse, au gré de tes vœux, s'élever à sa place un pont solide, que les bonds sacrés des Saliens eux-mêmes ne puissent ébranler; mais avant, fais-moi jouir d'un spectacle qui me fera bien rire! Je voudrais qu'un mien voisin tombât de ton pont dans la vase, qu'il s'y embourbât de la tête aux pieds, dans l'endroit le plus infect, le plus dégoûtant de tout le marais, là où le gouffre est le plus profond. L'homme en question est un sot qui n'a pas plus de sens qu'un marmot de deux mois qui dort bercé dans les bras de son père. Il est marié depuis peu à une jolie femme, à la fleur de l'âge, plus tendre que le chevreau qui vient de naître, et dont la garde réclame plus de soins que les raisins déjà mûrs; eh bien! il la laisse folâtrer à sa fantaisie, il s'en soucie comme d'un poil de sa barbe, et, couché près d'elle, il reste immobile à sa place. Semblable à la souche qui gît dans un fossé, abattue par la hache du bûcheron, tel, et aussi insensible aux charmes de la belle que si elle n'était pas à ses côtés, mon nigaud ne voit rien, n'entend rien; il ignore même quel est son sexe, et s'il existe ou non. Voilà l'homme que je voudrais voir tomber de ton pont la tête la première, pour secouer, s'il est possible, sa stupide léthargie. Puisse-t-il laisser son engourdissement dans la fange visqueuse du marais, comme la mule laisse ses fers dans un épais bourbier!

XVIII.

AD HORTORUM DEUM.

Hunc lucum tibi dedico, consecroque, Priape,
Qua domus tua Lampsaci est, quaque silva, Priape:
Nam te praecipue in suis urbibus colit ora
Hellespontia, caeteris ostreosior oris.

XIX.

HORTORUM DEUS.

Hunc ego, juvenes, locum, villulamque palustrem,
Tectam vimine junceo, caricisque maniplis,
Quercus arida, rustica conformata securi
Nutrivi, magis et magis ut beata quotannis:
Hujus nam domini colunt me, Deumque salutant,
Pauperis tugurii pater filiusque [coloni];
Alter, assidua colens diligentia, ut herba
Dumosa, asperaque a meo sit remota sacello;
Alter, parva ferens manu semper munera larga.
Florido mihi ponitur picta vere corolla
Primitu', et tenera virens spica mollis arista,
Luteae violae mihi, luteumque papaver,
Pallentesque cucurbitae, et suave olentia mala;
Uva pampinea rubens educata sub umbra.
Sanguine hanc etiam mihi (sed tacebitis) aram
Barbatus linit hirculus, cornipesque capella;

XVIII.

AU DIEU DES JARDINS.

Priape, je te dédie, je te consacre ce bosquet, qui t'offre l'image du temple et du bois sacré que tu as à Lampsaque : car les villes qui s'élèvent sur les côtes poissonneuses de l'Hellespont te rendent un culte particulier.

XIX.

LE DIEU DES JARDINS.

Jeunes gens, c'est moi, dont vous voyez l'image de chêne grossièrement façonnée par la serpe d'un villageois, c'est moi qui ai fertilisé cet enclos, qui ai fait fructifier de plus en plus chaque année cette rustique chaumière, couverte de glaïeuls et de joncs entrelacés. Les maîtres de cette pauvre demeure, le père comme le fils, me rendent un culte assidu, me révèrent comme leur dieu tutélaire : l'un a soin d'arracher constamment les herbes épineuses qui voudraient envahir mon petit sanctuaire ; l'autre, m'apporte sans cesse d'abondantes offrandes ; ses jeunes mains ornent mon image, tantôt d'une couronne émaillée de fleurs, prémices du printemps ; tantôt d'épis naissans aux pointes verdoyantes ; tantôt de brunes violettes, ou de pavots dorés, de courges d'un vert pâle, ou de pommes au suave parfum ; tantôt de raisins que la pourpre colore sous le pampre qui leur sert d'abri. Parfois même (mais gardez-vous d'en parler) le sang d'un

Pro queis omnia honoribus hæc necesse Priapo
Præstare, et domini hortulum, vineamque tueri.
Quare hinc, o pueri, malas abstinete rapinas.
Vicinus prope dives est, negligensque Priapus.
Inde sumite, semita hæc deinde vos feret ipsa.

XX.

HORTORUM. DEUS.

Ego hæc, ego arte fabricata rustica,
Ego arida, o viator, ecce populus
Agellulum hunc, sinistra, tute quem vides,
Herique villulam, hortulumque pauperis
Tuor, malasque furis arceo manus.
Mihi corolla picta vere ponitur;
Mihi rubens arista sole fervido;
Mihi virente dulcis uva pampino;
Mihique glauca duro oliva frigore.
Meis capella delicata pascuis
In urbem adulta lacte portat ubera;
Meisque pinguis agnus ex ovilibus
Gravem domum remittit ære dexteram;
Tenerque, matre mugiente, vaccula
Deum profundit ante templa sanguinem.
Proin', viator, hunc Deum vereberis,
Manumque sorsum habebis. Hoc tibi expedit ;

jeune bouc à la barbe naissante ou celui d'une chèvre ont rougi cet autel. Pour prix des honneurs qu'ils me rendent, je dois protéger les maîtres de cette enceinte, et leur vigne et leur petit jardin. Gardez-vous donc, jeunes garçons, d'y porter une furtive main. Près d'ici demeure un voisin riche, dont le Priape est négligent. C'est là qu'il faut vous adresser : suivez ce sentier ; il vous y conduira.

XX.

MÊME SUJET.

Passant, cette image de peuplier, œuvre informe d'un artiste villageois, c'est la mienne, c'est celle de Priape : je protège contre la main rapace des voleurs cet enclos que tu vois sur la gauche, la chaumière de son pauvre maître et son petit jardin. Au printemps, il me pare d'une couronne de fleurs ; en été, d'une guirlande d'épis dorés par un soleil brûlant ; en automne, de raisins mûrs et de pampres verts ; et d'olives d'un vert pâle pendant les rigueurs de l'hiver. Aussi la chèvre nourrie dans mes pâturages porte à la ville ses mamelles gonflées de lait ; lorsqu'il vend l'agneau engraissé dans mes bergeries, il revient au logis les mains chargées d'argent ; et, ravies aux mugissemens de leur mère, ses tendres génisses vont rougir de leur sang les autels des dieux. Redoute donc, passant, la divinité protectrice de ces lieux, et garde-toi d'y porter la main. Il y va de ton intérêt ; sinon, ton châtiment est prêt : ce phallus rustique te l'infligera. Par Pollux ! dis-tu, de grand cœur !

Parata namque crux, sine arte mentula.
Velim pol! inquis: at pol! ecce, villicus
Venit: valente cui revulsa brachio
Fit ista mentula, apta clava dexteræ.

XXI.

AD AURELIUM.

Aureli, pater esuritionum,
Non harum modo, sed quot aut fuerunt,
Aut sunt, aut aliis erunt in annis,
Pædicare cupis meos amores;
Nec clam: nam simul es, jocaris una,
Hæres ad latus, omnia experiris.
Frustra: nam insidias mihi instruentem
Tangam te prior inrumatione.
Atqui, si id faceres satur, tacerem.
Nunc ipsum id doleo, quod esurire
Ah! meus puer, et sitire discet.
Quare desine, dum licet pudico;
Ne finem facias, sed inrumatus.

XXII.

AD VARRUM.

Suffenus iste, Varre, quem probe nosti,
Homo est venustus, et dicax et urbanus,
Idemque longe plurimos facit versus.

Oui ; mais, par Pollux ! voici venir le métayer : brandi par son bras vigoureux, ce phallus va, pour toi, se changer en massue.

XXI.

A AURELIUS.

Roi des meurt-de-faim, passés, présens et futurs, Aurelius, tu veux me souffler l'objet de mes amours; et tu ne t'en caches pas; car, sans cesse à ses côtés, tu le provoques par mille agaceries; enfin, pour l'avoir, tu mets tout en usage. Tes efforts seront vains; avant que puissent réussir les embûches que tu me dresses, je te préviendrai, et ta bouche impure portera les preuves de ma virilité. Encore, si des excès de bonne chère excitaient cette lubrique ardeur, je me tairais; mais ce qui m'afflige le plus, c'est qu'avec toi le pauvre garçon ne peut, hélas! qu'apprendre à mourir de faim et de soif. Désormais plus pudique, renonce, il en est temps, à tes honteux desseins; ou, pour mettre fin à tes entreprises, je t'infligerai le plus grand des affronts.

XXII.

A VARRUS.

Cher Varrus, tu connais bien Suffenus? c'est un homme aimable, beau diseur, et plein d'urbanité; ce même Suffenus fait une énorme quantité de vers. Pour

Puto esse ego illi millia aut decem, aut plura
Perscripta : nec sic, ut fit, in palimpsesto
Relata; chartae regiae, novi libri,
Novi umbilici, lora rubra, membrana
Directa plumbo, et pumice omnia aequata.
Haec quum legas, tum bellus ille et urbanus
Suffenus, unus caprimulgus, aut fossor
Rursus videtur : tantum abhorret, ac mutat.
Hoc quid putemus esse? qui modo scurra,
Aut si quid hac re tritius, videbatur,
Idem inficeto est inficetior rure,
Simul poemata attigit : neque idem unquam
Aeque est beatus, ac poema quum scribit;
Tam gaudet in se, tamque se ipse miratur.
Nimirum idem omnes fallimur; neque est quisquam,
Quem non in aliqua re videre Suffenum
Possis. Suus quoique attributus est error;
Sed non videmus manticae quod in tergo est.

XXIII.

AD FURIUM.

Furi, quoi neque servus est, neque arca,
Nec cimex, neque araneus, neque ignis;
Verum est et pater, et noverca, quorum
Dentes vel silicem comesse possunt;
Est pulchre tibi cum tuo parente,
Et cum conjuge lignea parentis.

moi, je crois qu'il en a composé dix mille et plus; et il
ne les écrit pas, comme tant d'autres, sur des tablettes
palimpsestes; mais sur grand papier, son livre est orné
d'une couverture neuve, d'un cylindre neuf, de courroies
couleur de pourpre; le parchemin en est réglé à la mine
de plomb, et le tout est poli avec la pierre-ponce. Mais si
vous lisez ses vers, ce Suffenus si charmant, si aimable,
n'est plus qu'un rustre, un chévrier : tant il est changé
et méconnaissable! A quoi cela tient-il? Ce même homme
qui tout-à-l'heure nous semblait si plaisant, si rompu
dans toutes les finesses de la saillie, devient le plus in-
sipide, le plus assommant des lourdauds de village, dès
qu'il se mêle de poésie : et pourtant il n'est jamais si
heureux que lorsqu'il fait des vers. Il faut voir alors
comme il rit dans sa barbe, avec quelle complaisance il
s'admire! C'est ainsi que tous, tant que nous sommes,
nous nous faisons illusion à nous-mêmes, et qu'il n'est
personne de nous qui n'ait quelque trait de ressemblance
avec Suffenus. Chacun a sa manie; mais nous ne voyons
qu'un des côtés de la besace qui est sur nos épaules.

XXIII.

A FURIUS.

Furius, toi qui n'as ni feu, ni valet, ni cassette, ni
punaises, faute de lit, ni araignées, faute de maison;
mais un père et une belle-mère dont les dents pourraient
broyer des cailloux; que ton sort est heureux avec un
tel père, et avec le squelette qu'il a pour femme! Faut-il
s'en étonner? Vous vous portez bien tous les trois, vous

Nec mirum : bene nam valetis omnes,
Pulchre concoquitis, nihil timetis,
Non incendia, non graves ruinas,
Non facta impia, non dolos veneni,
Non casus alios periculorum.
Atqui corpora sicciora cornu,
Aut, si quid magis aridum est, habetis,
Sole, et frigore, et esuritione.
Quare non tibi sit bene ac beate ?
A te sudor abest, abest saliva,
Mucusque, et mala pituita nasi.
Hanc ad munditiem adde mundiorem,
Quod culus tibi purior salillo est,
Nec toto decies cacas in anno;
Atque id durius est faba et lapillis,
Quod tu si manibus teras, fricesque,
Non unquam digitum inquinare possis.
Hæc tu commoda tam beata, Furi,
Noli spernere, nec putare parvi;
Et sestertia, quæ soles, precari
Centum desine, nam sat es beatus.

XXIV.

AD JUVENTIUM PUERUM.

O qui flosculus es Juventiorum,
Non horum modo, sed quot aut fuerunt,
Aut posthac aliis erunt in annis,
Mallem divitias mihi dedisses

digérez à merveille, vous ne redoutez rien, ni incendie, ni chute de maisons, ni meurtres, ni tentative d'empoisonnement, ni aucun des dangers auxquels les riches sont exposés. Quoi! parce que le chaud, le froid et la famine ont rendu ton corps plus sec que la corne, plus transparent que l'écaille, est-ce une raison pour ne pas te croire heureux et même fortuné? Sueur, salive, catharre du cerveau, toutes ces infirmités te sont inconnues. A tous ces motifs de propreté s'en joint un plus grand encore : tu as l'anus plus net qu'une salière, car tu ne vas pas dix fois par an à la garde-robe; encore n'est-il pas de fève, de cailloux aussi durs que tes déjections; et tu peux te passer de serviette, sans crainte de te salir les doigts. Garde-toi donc, Furius, de mépriser de si précieux avantages. Pourquoi demander sans cesse aux dieux cent mille sesterces? n'es-tu pas assez heureux?

XXIV.

AU JEUNE JUVENTIUS

O toi, la fleur des Juventius présens, passés et futurs ; j'aimerais mieux, pour mon compte, que tu eusses donné de l'or à ce misérable qui n'a ni valet ni cassette, que de te laisser aimer par un pareil gueux. — Quoi! diras-tu,

Isti, quoi neque servus est, neque arca;
Quam sic te sineres ab illo amari.
Qui? non est homo bellus? inquies. Est:
Sed bello huic neque servus est, neque arca.
Hæc tu, quam lubet, abjice elevaque:
Nec servum tamen ille habet, neque arcam.

XXV.

AD THALLUM.

Cinæde Thalle, mollior cuniculi capillo,
Vel anseris medullula, vel imula oricilla,
Vel pene languido senis, situque araneoso;
Idemque Thalle, turbida rapacior procella,
Quum dira Malea naves ostendit oscitantes;
Remitte pallium mihi meum, quod involasti,
Sudariumque Sætabum, catagraphosque Thynos,
Inepte, quæ palam soles habere, tanquam avita.
Quæ nunc tuis ab unguibus reglutina et remitte;
Ne laneum latusculum, natisque mollicellas,
Inusta turpiter tibi flagella conscribillent,
Et insolenter æstues, velut minuta magno
Deprensa navis in mari, vesaniente vento.

XXVI.

AD FURIUM.

Furi, villulla nostra non ad Austri
Flatus opposita est, nec ad Favoni,

n'est-ce pas un fort joli homme? — D'accord; mais ce joli homme n'a ni valet ni cassette. Méprise, dénigre tant que tu voudras de tels avantages; il n'en est pas moins vrai qu'il n'a ni valet ni cassette.

XXV.

A THALLUS.

Efféminé Thallus, plus mou que le poil d'un lapin, que le duvet d'une oie, que le bout de l'oreille; plus flasque que le pénis d'un vieillard, qu'une toile d'araignée; toi qui es, en même temps, plus rapace que l'ouragan déchaîné qui brise les vaisseaux sur les côtes périlleuses de Malée; renvoie-moi le manteau que tu m'as volé, mes mouchoirs de Sétabis, et mes anneaux gravés que tu as la sottise de porter en public, comme si tu les possédais par héritage. Renvoie-les-moi, te dis-je, laisse-les s'échapper de tes ongles crochus, ou le fouet gravera de honteux stigmates sur tes flancs de coton, sur tes fesses mollasses; alors tu bondiras sous ma main vengeresse comme un frêle esquif surpris en pleine mer par un vent furieux.

XXVI.

A FURIUS.

Furius, ma maison des champs est à l'abri du souffle de l'Auster et du Zéphyr; elle ne redoute ni le cruel

Nec sævi Boreæ, aut Apeliotæ.
Verum ad millia quindecim et ducentos.
O ventum horribilem atque pestilentem!

XXVII.

AD POCILLATOREM PUERUM.

Minister vetuli, puer, Falerni,
Inger mî calices amariores,
Ut lex Posthumiæ jubet magistræ,
Ebriosa acina ebriosioris.
At vos, quo lubet, hinc abite lymphæ,
Vini pernicies, et ad severos
Migrate: hic merus est Thyonianus.

XXVIII.

AD VERANNIUM ET FABULLUM.

Pisonis comites, cohors inanis,
Aptis sarcinulis et expeditis,
Veranni optime, tuque, mi Fabulle,
Quid rerum geritis? satisne cum isto
Vappa, frigoraque et famem tulistis?
Ecquidnam in tabulis patet lucelli?
Expensum? ut mihi, qui meum secutus
Prætorem, refero datum lucello;
O Memmi, bene me, ac diu supinum
Tota ista trabe lentus inrumasti.

Borée, ni le vent d'est; mais elle est hypothéquée pour quinze mille deux cents sesterces. O l'horrible, le funeste vent!

XXVII.

A SON ÉCHANSON.

Esclave qui nous verses du vieux Falerne, remplis nos coupes d'un vin plus amer, comme l'ordonnent les statuts de Posthumia, la législatrice de nos orgies, plus ivre qu'une bacchante en délire. Et vous, eaux insipides, fléaux du vin, hors d'ici; allez abreuver nos Catons. Ici Bacchus est sans mélange.

XXVIII.

A VERANNIUS ET A FABULLUS.

Compagnons de Pison, dont la triste cohorte revient légère d'argent et de bagage, bon Verannius, et toi mon cher Fabullus, où en êtes-vous? Ce vaurien vous a-t-il assez fait endurer le froid et la faim? Quel gain avez-vous inscrit sur vos tablettes? — votre dépense? C'est ce qui m'arriva aussi, lorsque je suivis mon fripon de préteur; je n'eus à porter en recette que l'argent que j'avais donné. O Memmius! comme tu t'es joué de moi, comme tu m'as fait à loisir servir de victime à ton avarice! D'après ce que je vois, tel a été votre sort, mes amis; vous avez été comme moi en butte aux plus indignes

Sed, quantum video, pari fuistis
Casu: nam nihilo minore verpa
Farti estis. Pete nobiles amicos.
At vobis mala multa Dii Deæque
Dent, opprobria Romuli Remique.

XXIX.

IN CÆSAREM.

Quis hoc potest videre, quis potest pati,
Nisi impudicus, et vorax, et aleo,
Mamurram habere, quod Comata Gallia
Habebat uncti et ultima Britannia?
Cinæde Romule, hæc videbis et feres?
Es impudicus, et vorax, et aleo.
Et ille nunc superbus et superfluens
Perambulabit omnium cubilia,
Ut albulus columbus, aut Adoneus?
Cinæde Romule, hæc videbis et feres?
Es impudicus, et vorax, et aleo.
Eone nomine, Imperator unice,
Fuisti in ultima Occidentis insula,
Ut ista vostra diffututa mentula
Ducenties comesset, ut trecenties?
Quid est? ait sinistra liberalitas,
Parum expatravit; an parum helluatus est?
Paterna prima laucinata sunt bona;
Secunda præda Pontica: inde tertia
Hibera, quam scit amnis aurifer Tagus.

traitemens. Attachez-vous donc maintenant à de puissans amis ! Et vous, Pison, Memmius, opprobres du nom romain, puissent les dieux vous envoyer tous les maux que vous méritez !

XXIX.

CONTRE CÉSAR.

Quel est l'homme, si ce n'est un impudique, un dissipateur et un escroc, qui peut voir, qui peut souffrir qu'un Mamurra engloutisse tous les trésors de la Gaule Transalpine et de la Grande-Bretagne ? O le plus débauché des fils de Romulus ! tu le vois, tu le souffres ! tu n'es qu'un impudique, un dissipateur, un escroc. Jusques à quand, superbe et gorgé de richesses, ton favori, pareil au blanc ramier, à l'amant de Vénus, promènera-t-il de lit en lit ses feux adultères ? O le plus débauché des fils de Romulus ! tu le vois, tu le souffres ! tu n'es qu'un impudique, un dissipateur, un escroc. Héros sans pareil, n'as-tu donc pénétré jusqu'à l'île la plus lointaine de l'Occident, que pour dissiper, avec le compagnon de tes infâmes plaisirs, millions sur millions ? — Qu'est-ce ? répond ta fatale prodigalité : ses débauches ont peu coûté. — Est-ce donc peu que l'insatiable voracité de Mamurra ait englouti d'abord son patrimoine, ensuite les dépouilles du Pont ; puis celles de l'Espagne ? Le Tage aux flots d'or ne le connaît que trop ! la Gaule et la Bretagne le redoutent également ! Pourquoi favoriser un tel fléau de l'humanité ? Que veut-il de plus ? prétend-

Hunc, Galliæ, timetis, et Britanniæ!
Quid hunc, malum, fovetis? aut quid hic potest,
Nisi uncta devorare patrimonia?
Eone nomine, Imperator unice,
Socer generque perdidistis omnia?

XXX.

AD ALPHENUM.

Alphene immemor atque unanimis false sodalibus,
Jam te nil miseret, dure, tui dulcis amiculi;
Jam me prodere, jam non dubitas fallere, perfide.
Nec facta impia fallacum hominum cœlicolis placent?
Quæ tu negligis, ac me miserum deseris in malis.
Eheu! quid faciant dehinc homines, quoive habeant
   fidem?
Certe tute jubebas animam tradere, inique, me
Inducens in amorem, quasi tuta omnia mî forent.
Idem nunc retrahis te, ac tua dicta omnia factaque
Ventos irrita ferre, et nebulas aerias sinis.
Si tu oblitus es, at dii meminerunt, meminit Fides;
Quæ, te ut pœniteat postmodo facti, faciet, tui.

il aussi dévorer le patrimoine des plus riches familles? est-ce donc pour enrichir un Mamurra que vous avez bouleversé l'univers, héros sans pareil, et toi, gendre bien digne d'un tel beau-père?

XXX.

A ALPHENUS.

Ingrat Alphenus, parjure aux liens de l'union la plus intime, cruel, tu es déjà sans pitié pour le plus tendre de tes amis; perfide, tu n'hésites pas même à me tromper, à me trahir! Songe que les dieux ne voient pas sans colère les trahisons des mortels impies, toi qui négliges, toi qui abandonnes à son funeste sort un ami malheureux. Hélas! que faire désormais? à qui se fier? C'est toi, pourtant, qui m'ordonnas de livrer mon cœur à de fatales séductions; toi qui m'as entraîné dans cet amour qui semblait m'offrir toute sécurité. Et c'est toi maintenant qui retires ta foi, toi, dont les caresses, dont les sermens, plus légers que les nuages, se dissipent emportés par les vents. Mais si tu oublies tes promesses, les dieux vengeurs de la foi violée ne les oublieront pas; et quelque jour, tes remords trop tardifs, me vengeront de ta perfidie.

XXXI.

AD SIRMIONEM PENINSULAM.

Peninsularum, Sirmio, insularumque
Ocelle, quascunque in liquentibus stagnis,
Marique vasto fert uterque Neptunus;
Quam te libenter, quamque laetus inviso!
Vix mî ipse credens Thyniam atque Bithynos
Liquisse campos, et videre te in tuto.
O quid solutis est beatius curis,
Quum mens onus reponit, ac peregrino
Labore fessi venimus larem ad nostrum,
Desideratoque acquiescimus lecto?
Hoc est, quod unum est pro laboribus tantis.
Salve, o venusta Sirmio, atque hero gaude;
Gaudete, vosque Lariae lacus undae;
Ridete quidquid est domi cachinnorum.

XXXII.

AD IPSITHILLAM.

Amabo, mea dulcis Ipsithilla,
Meae deliciae, mei lepores,
Jube ad te veniam meridiatum.
Quod si jusseris, illud adjuvato,
Ne quis liminis obseret tabellam,
Neu tibi lubeat foras abire;
Sed domi maneas, paresque nobis

XXXI.

A LA PRESQU'ÎLE DE SIRMIO.

Qu'avec joie, qu'avec plaisir je te revois, ô Sirmio, la perle des îles et des presqu'îles que dans son liquide empire renferme l'un et l'autre océan! J'ose à peine croire que j'ai quitté les champs de la Thrace et de la Bithynie, et que je puis sans crainte jouir de ton aspect. Quel bonheur, lorsque, libres de soins, notre âme dépose le fardeau de l'ambition; lorsque, fatigués de nos lointains voyages, nous rentrons au sein de nos foyers domestiques, et que nous trouvons enfin le repos sur ce lit si long-temps désiré! Il suffit à mes vœux, ce bonheur, unique fruit de tant de travaux. Salut, belle Sirmio, salut! souris au retour de ton maître; vous aussi réjouissez-vous, eaux limpides du lac de Côme; que partout dans ma retraite retentissent des accens de la joie.

XXXII.

A IPSITHILLA.

Au nom de l'amour, douce Ipsithilla, mes délices, charme de ma vie, accorde-moi le rendez-vous que j'implore pour le milieu du jour. Y consens-tu? une grâce encore! que ta porte ne soit ouverte à personne; surtout ne va pas t'aviser de sortir : reste au logis, et prépare-toi à voir se renouveler neuf fois de suite mes amoureux exploits. Mais, si tu dis oui, que ce soit à

Novem continuas fututiones.
Verum, si quid ages, statim jubeto,
Nam pransus jaceo, et satur supinus
Pertundo tunicamque, palliumque.

XXXIII.

IN VIBENNIOS.

O furum optime balneariorum,
Vibenni pater, et cinæde fili;
Nam dextra pater inquinatiore,
Culo filius est voraciore;
Cur non exsilium malasque in oras
Itis? quandoquidem patris rapinæ
Notæ sunt populo, et nates pilosas,
Fili, non potes asse venditare.

XXXIV.

AD DIANAM.

Dianæ sumus in fide
Puellæ, et pueri integri;
Dianam pueri integri,
Puellæque canamus.

O Latonia, maximi
Magna progenies Jovis,
Quam mater prope Deliam
Deposivit olivam;

l'instant même; car, étendu sur mon lit, après un bon dîner, je foule, brûlant de désirs, et ma tunique et ma couverture.

XXXIII.

CONTRE LES VIBENNIUS.

O LE plus habile des voleurs qui exploitent les bains publics, Vibennius, et toi, son impudique fils; car la lubricité du fils égale la rapacité du père; qu'attendez-vous pour vous exiler au loin sur quelque rivage funeste? Les vols du père sont connus de tous; et le fils a beau mettre au rabais ses infâmes caresses, personne n'en offre une obole.

XXXIV.

HYMNE EN L'HONNEUR DE DIANE.

JEUNES filles, jeunes garçons au cœur chaste, nous tous qui sommes voués au culte de Diane; jeunes filles, jeunes garçons, chantons en chœur ses louanges.

O puissante fille de Latone et du grand Jupiter, toi que ta mère mit au jour sous les oliviers de Délos;

CATULLI CARMEN XXXV.

Montium domina ut fores,
Silvarumque virentium,
Saltuumque reconditorum,
Amniumque sonantum.

Tu Lucina dolentibus
Juno dicta puerperis;
Tu potens Trivia, et notho es
Dicta lumine Luna.

Tu cursu, Dea, menstruo
Metiens iter annuum,
Rustica agricolæ bonis
Tecta frugibus exples.

Sis quocunque placet tibi
Sancta nomine, Romulique
Antiquam, ut solita es, bona
Sospites ope gentem.

XXXV.

CÆCILIUM INVITAT.

Poetæ tenero, meo sodali,
Velim Cæcilio, papyre, dicas,
Veronam veniat, Novi relinquens
Comi mœnia, Lariumque litus;
Nam quasdam volo cogitationes
Amici accipiat sui, meique.
Quare, si sapiet, viam vorabit,
Quamvis candida millies puella

Toi, destinée en naissant à régner sur les monts, les forêts verdoyantes, les bocages mystérieux et les fleuves aux flots sonores ;

Toi que, dans les douleurs de l'enfantement, les femmes invoquent comme une autre Lucine ; puissante Hécate, toi qui empruntes au soleil l'éclat dont tu brilles ;

Déesse, dont le cours mensuel mesure le cercle de l'année ; toi, par qui la grange du laboureur se remplit d'abondantes moissons ;

Sous quelque nom qu'il te plaise d'être invoquée, reçois nos hommages ; et accorde, comme toujours, ton appui tutélaire à la race antique de Romulus.

XXXV.

INVITATION A CÉCILIUS.

Partez, mes tablettes, allez dire à Cécilius, le poète des amours, à Cécilius, mon compagnon de plaisirs, qu'il quitte pour Vérone la Nouvelle Côme, et les rives du Larius ; car je veux déposer dans son sein certaines confidences de notre ami commun. Qu'il parte donc, s'il est sage, qu'il dévore la route ; quand bien même sa maîtresse le rappellerait mille fois ; quand bien même, jetant ses bras autour du cou de Cécilius, elle le sup-

Euntem revocet, manusque collo
Ambas injiciens, roget morari;
Quæ nunc, si mihi vera nuntiantur,
Illum deperit impotente amore.
Nam, quo tempore legit inchoatam
Dindymi dominam, ex eo misellæ
Ignes interiorem edunt medullam.
Ignosco tibi Sapphica, puella,
Musa doctior : est enim venuste
Magna Cæcilio inchoata mater.

XXXVI.

IN ANNALES VOLUSII.

Annales Volusi, cacata charta,
Votum solvite pro mea puella;
Nam sanctæ Veneri, Cupidinique
Vovit, si sibi restitutus essem,
Desissemque truces vibrare iambos,
Electissima pessimi poetæ
Scripta tardipedi Deo daturam
Infelicibus ustulanda lignis :
Et hæc pessima se puella vidit
Jocose et lepide vovere Divis.
Nunc, o cæruleo creata ponto,
Quæ sanctum Idalium, Syrosque apertos,
Quæque Ancona, Cnidumque arundinosam
Colis, quæque Amathunta, quæque Golgos,
Quæque Durrachium, Adriæ tabernam;

plierait de différer son départ, cette jeune beauté qui, si l'on m'a fait un récit fidèle, se meurt d'amour pour lui. L'infortunée! un feu secret brûle dans ses veines, depuis le jour où elle lut les premiers vers de Cécilius en l'honneur de la déesse de Dindyme. J'excuse ton délire, jeune fille, plus savante que la muse de Lesbos; c'est en effet un bel ouvrage; le poëme entrepris par Cécilius en l'honneur de la mère des dieux!

XXXVI.

CONTRE LES ANNALES DE VOLUSIUS.

Annales de Volusius, bonnes à mettre au cabinet, c'est à vous d'accomplir le vœu de ma belle ; car elle a promis à Vénus, à son fils, si son Catulle lui était rendu, si je cessais de lancer contre elle mes ïambes redoutables, de livrer à Vulcain, à ses flammes vengeresses, les chefs-d'œuvre du plus mauvais poète ; or, ce vœu, fait en riant, l'espiègle a bien pensé qu'il ne pouvait concerner que les rapsodies de Volusius.

Maintenant, fille de l'onde, toi qui fréquentes les bosquets sacrés d'Idalie, les plaines de la Syrie, Ancône, Gnide, Amathonte, Golgos et Dyrrachium, l'entrepôt de l'Adriatique ; ô Vénus, si le vœu plaisant de ma belle n'a rien qui t'offense, daigne l'agréer et l'exaucer! Et vous,

Acceptum face, redditumque votum,
Si non inlepidum, neque invenustum est.
At vos interea venite in ignem,
Pleni ruris et inficetiarum,
Annales Volusi, cacata charta.

XXXVII.

AD CONTUBERNALES.

Salax taberna, vosque contubernales,
A pileatis nona fratribus pila,
Solis putatis esse mentulas vobis?
Solis licere quidquid est puellarum
Confutuere, et putare cæteros hircos?
An, continenter quod sedetis insulsi
Centum, aut ducenti, non putatis ausurum
Me una ducentos inrumare sessores?
Atqui putate : namque totius vobis
Frontem tabernæ scipionibus scribam.
Puella nam mea, quæ meo sinu fugit,
Amata tantum, quantum amabitur nulla,
Pro qua mihi sunt magna bella pugnata,
Consedit istic. Hanc boni beatique
Omnes amatis : et quidem, quod indignum est,
Omnes pusilli, et semitarii mœchi;
Tu præter omnes une de capillatis
Cuniculosæ Celtiberiæ fili,
Egnati, opaca quem bonum facit barba,
Et dens Hibera defricatus urina.

soyez livrées aux flammes, annales de Volusius, rapsodie grossière et sans goût, bonne à mettre au cabinet.

XXXVII.

AUX HABITUÉS D'UN MAUVAIS LIEU.

INFAME lupanar, situé au neuvième pilier après le temple des Jumeaux, et vous ses dignes habitués, croyez-vous seuls être doués des attributs de Priape, seuls avoir le privilège de lever un tribut sur toutes les belles, et de réduire tous les autres au rôle d'eunuques? Vous figurez-vous, parce que vous êtes là cent ou deux cents imbéciles réunis ensemble, que je n'oserai pas vous défier tous. Or, sachez bien que je charbonnerai votre infamie sur tous les murs de ce repaire; car c'est là que s'est réfugiée la maîtresse qui me fuit, cette jeune fille que j'aimais, comme jamais femme ne sera aimée, pour qui j'ai eu tant d'assauts à soutenir! Et vous, honnêtes gens que vous êtes, vous partagez tous ses faveurs; et, chose indigne, à qui les prodigue-t-elle? à des hommes de rien, à des galans de carrefour; toi, entre autres, fils chevelu de la Celtibérie, Egnatius, toi, dont tout le mérite consiste dans ta barbe épaisse et tes dents qui doivent leur blancheur à l'urine dont tu les frottes.

XXXVIII.

AD CORNIFICIUM.

Male est, Cornifici, tuo Catullo,
Male est, mehercule, et laboriose,
Et magis magis in dies et horas;
Quem tu, quod minimum facillimumque est,
Qua solatus es adlocutione?
Irascor tibi. Sic meos amores?
Paullum quid lubet adlocutionis,
Mœstius lacrymis Simonideis.

XXXIX.

IN EGNATIUM.

Egnatius, quod candidos habet dentes,
Renidet usquequaque: seu ad rei ventum est
Subsellium, quum orator excitat fletum,
Renidet ille: seu pii ad rogum filî
Lugetur, orba quum flet unicum mater,
Renidet ille: quidquid est, ubicunque est,
Quodcunque agit, renidet. Hunc habet morbum,
Neque elegantem, ut arbitror, neque urbanum.
Quare monendus es mihi, bone Egnati;
Si urbanus esses, aut Sabinus, aut Tiburs,
Aut parcus Umber, aut obesus Etruscus,
Aut Lanuvinus ater atque dentatus,
Aut Transpadanus, ut meos quoque attingam,

XXXVIII.

A CORNIFICIUS.

Cornificius, le malheur accable ton ami Catulle; oui, certes, il est malheureux, il soutient une lutte pénible, et sa douleur s'aggrave sans cesse, de jour en jour, d'heure en heure. Et pas un seul mot de toi, qui lui offre la plus simple, la plus facile des condoléances! Je m'emporte contre toi. Est-ce ainsi que tu m'aimes? Je t'en supplie, seulement quelques paroles de consolation, mais qu'elles soient plus touchantes que les élégies de Simonide.

XXXIX.

CONTRE EGNATIUS.

Egnatius a les dents belles, et il rit sans cesse pour les montrer. Près du banc d'un accusé, au moment où l'avocat fait verser des larmes à l'auditoire, Egnatius rit; il rit encore près du bûcher d'un fils unique que pleure une mère désolée : en toute occasion, en quelque lieu qu'il soit, quoi qu'il fasse, il rit toujours. C'est là sa manie; mais elle n'est, à mon sens, ni agréable ni polie. Je dois donc t'avertir, pauvre Egnatius, que quand bien même tu serais né à Rome, ou chez les Sabins, à Tibur, ou chez l'Ombrien économe, chez l'Étrurien somptueux, ou le Lanuvien brun et bien endenté, ou, pour dire un mot de mes compatriotes, chez le Transpadin, ou tout autre peuple qui se rince la bouche avec de l'eau pure, encore ne te permettrais-je pas de rire ainsi à tout pro-

Aut quilibet, qui puriter lavit dentes;
Tamen renidere usquequaque te nollem;
Nam risu inepto res ineptior nulla est.
Nunc Celtiber es: Celtiberia in terra
Quod quisque minxit, hoc solet sibi mane
Dentem, atque russam defricare gingivam;
Ut quo iste vester expolitior dens est,
Hoc te amplius bibisse praedicet loti.

XL.

AD RAVIDUM.

Quaenam te mala mens, miselle Ravide,
Agit praecipitem in meos iambos?
Quis Deus tibi non bene advocatus
Vecordem parat excitare rixam?
Anne ut pervenias in ora volgi?
Quid vis? qualubet esse notus optas?
Eris: quandoquidem meos amores
Cum longa voluisti amare poena.

XLI.

IN AMICAM FORMIANI.

Anne sana illa puella defututa
Tota? millia me decem poposcit;

pos ; car rien n'est plus sot qu'un sot rire. Mais tu es Celtibérien; et les gens de ton pays ont tous la coutume de se rincer chaque matin les dents et les gencives avec leur urine; or, plus l'émail de vos dents a d'éclat, plus il prouve que vous avez fait usage de ce dégoûtant gargarisme.

XL.

A RAVIDUS.

Quel mauvais génie, pauvre Ravidus, te précipite ainsi au devant de mes ïambes? Quel dieu, négligé par toi dans tes sacrifices, t'inspire la témérité de me chercher querelle? Est-ce pour faire parler de toi? quel est ton dessein? Tu veux être connu à tout prix? tu le seras; et, puisque tu as eu l'impudence de convoiter l'objet de mes amours, tu t'en repentiras long-temps.

XLI.

CONTRE LA MAÎTRESSE DE MAMURRA.

Est-elle dans son bon sens, cette courtisane usée et ressucée? elle me demande, à moi, dix mille sesterces,

Ista turpiculo puella naso,
Decoctoris amica Formiani.
Propinqui, quibus est puella curæ,
Amicos medicosque convocate;
Non est sana puella; nec rogare
Qualis sit solet; en imaginosam!

XLII.

IN QUAMDAM.

Adeste, hendecasyllabi, quot estis
Omnes undique, quotquot estis omnes.
Jocum me putat esse mœcha turpis,
Et negat mihi vostra redditeram
Pugillaria, si pati potestis.
Persequamur eam, et reflagitemus.
Quæ sit, quæritis? illa, quam videtis
Turpe incedere, mimice ac moleste
Ridentem catuli ore Gallicani.
Circumsistite eam, et reflagitate:
Mœcha putida, redde codicillos;
Redde, putida mœcha, codicillos.
Non assis facis? O lutum, lupanar,
Aut si perditius potest quid esse.
Sed non est tamen hoc satis putandum.
Quodsi non aliud pote est, ruborem
Ferreo canis exprimamus ore.
Conclamate iterum altiore voce:

cette beauté au nez difforme, maîtresse du banqueroutier Mamurra ! Parens chargés de veiller sur elle, convoquez amis et médecins; car la pauvre fille a le délire. Elle ne connaît pas sa laideur : voyez jusqu'où va sa folie !

XLII.

CONTRE UNE COURTISANE.

A moi, vers caustiques et mordans, accourez tous tant que vous êtes. Une infâme prostituée ose se jouer de moi ; elle refuse de me rendre mes tablettes, ces tablettes illustrées par vous ; et vous pourriez le souffrir ! Non, poursuivons-la de nos sarcasmes, pour la forcer à restitution. Quelle est cette drôlesse, dites-vous ? C'est celle que vous voyez s'avancer d'un air si effronté, et dont la bouche maussade et grimacière ressemble, quand elle rit, à la gueule d'un chien gaulois. Il faut l'assaillir de toutes parts, la relancer sans relâche : Sale coquine, rends-moi mes tablettes; rends-moi mes tablettes, sale coquine. — Elle s'en soucie comme de rien ! — Infâme coureuse, rebut des mauvais lieux, et pire encore, s'il est possible. — Mais cela, je pense, ne suffit pas encore. Tâchons du moins, faute de mieux, de faire rougir le front d'airain de cette impudente chienne : criez tous à la fois et encore plus fort : Sale coquine, rends-moi mes tablettes, rends-moi mes tablettes, sale coquine. — Peine inutile ! rien ne l'émeut.

Mœcha putida, redde codicillos,
Redde, putida mœcha, codicillos.
Sed nil proficimus, nihil movetur.
Mutanda est ratio, modusque vobis,
Si quid proficere amplius potestis.
Pudica et proba, redde codicillos.

XLIII.

IN AMICAM FORMIANI.

Salve, nec minimo puella naso,
Nec bello pede, nec nigris ocellis,
Nec longis digitis, nec ore sicco,
Nec sane nimis elegante lingua,
Decoctoris amica Formiani.
Ten' provincia narrat esse bellam?
Tecum Lesbia nostra comparatur?
O seclum insipiens et inficetum!

XLIV.

AD FUNDUM.

O funde noster, seu Sabine, seu Tiburs,
Nam te esse Tiburtem autumant, quibus non est
Cordi Catullum lædere : at quibus cordi est,
Quovis Sabinum pignore esse contendunt:
Sed seu Sabine, sive verius Tiburs,

Il faut changer de ton et de langage, peut-être réussirons-nous mieux. — Chaste et pudique Vestale, rends-moi mes tablettes.

XLIII.

CONTRE LA MAÎTRESSE DE MAMURRA.

Salut, jeune maîtresse du prodigue Mamurra; ton nez n'est pas des plus petits, ton pied n'est pas mignon, tes yeux ne sont pas noirs, tes doigts ne sont pas effilés, ta bouche n'est pas ragoûtante, certes, ton langage n'est pas élégant : qu'importe? tous nos provinciaux ne proclament-ils pas ta beauté? ne te compare-t-on pas à ma Lesbie? O que notre siècle a le goût fin et délicat!

XLIV.

A SA CAMPAGNE.

O ma campagne, soit de la Sabine, soit de Tibur; car tous ceux qui n'ont pas l'intention de me blesser, te font dépendre de Tibur; tandis que ceux qui veulent me piquer sont toujours prêts à gager que tu appartiens à la Sabine. Enfin, Sabine ou Tiburtaine, quel plaisir, ô

Fui libenter in tua suburbana
Villa, malamque pectore expuli tussim;
Non immerenti quam mihi meus venter,
Dum sumptuosas appeto, dedit, coenas.
Nam, Sextianus dum volo esse conviva,
Orationem in Antium petitorem
Plenam veneni et pestilentiæ legit.
Hic me gravedo frigida, et frequens tussis
Quassavit, usquedum in tuum sinum fugi,
Et me recuravi otioque et urtica.
Quare refectus maximas tibi grates
Ago, meum quod non es ulta peccatum.
Nec deprecor jam, si nefaria scripta
Sexti recepso, quin gravedinem et tussim
Non mi, sed ipsi Sextio ferat frigus,
Qui tunc vocat me, quum malum legit librum.

XLV.

DE ACME ET SEPTIMIO.

Acmen Septimius, suos amores,
Tenens in gremio, Mea, inquit, Acme,
Ni te perdite amo, atque amare porro
Omnes sum assidue paratus annos,
Quantum qui pote plurimum perire;
Solus in Libya, Indiave tosta,
Cæsio veniam obvius leoni.
Hoc ut dixit, Amor, sinistram ut ante,
Dextram sternuit approbationem.

ma campagne, j'ai goûté dans ta retraite écartée de la ville ! Je m'y suis délivré de cette toux maudite qui déchirait ma poitrine, de cette toux, juste punition de l'intempérance qui m'a fait rechercher des repas somptueux ! Car, abusant de ma patience de convive, Sextius, mon Amphitryon, m'a lu son plaidoyer contre Antius ; lecture funeste et pestilentielle, qui m'a fait contracter une fièvre de refroidissement et une toux déchirante dont j'ai souffert jusqu'au moment où, réfugié dans ton sein, je me suis guéri par le repos et l'infusion d'orties. Rétabli maintenant, je te rends grâces d'avoir accueilli ma faute avec tant d'indulgence. Aussi je consens, si jamais j'écoute encore les écrits pernicieux de Sextius, que le frisson, la fièvre et la toux tombent, non pas sur moi, mais sur ce bourreau d'orateur qui ne vous invite à dîner que pour vous lire ses plaidoyers à la glace.

XLV.

ACMÉ ET SEPTIMIUS.

Pressant contre son sein Acmé, ses amours, Septimius lui disait : « O mon Acmé ! si je ne t'aime éperdument, si je cesse de t'aimer jusqu'à mon dernier soupir autant qu'un amant peut adorer sa maîtresse, puissé-je errer seul et sans défense dans la Libye, dans l'Inde brûlante, exposé à la rencontre des lions dévorans ! » Il dit ; et l'Amour, jusqu'alors contraire à ses vœux, applaudit à son serment.

At Acme leviter caput reflectens,
Et dulcis pueri ebrios ocellos
Illo purpureo ore suaviata,
Sic, inquit, mea vita, Septimille,
Huic uno domino usque serviamus,
Ut multo mihi major acriorque
Ignis mollibus ardet in medullis.
Hoc ut dixit, Amor, sinistram ut ante,
Dextram sternuit approbationem.
Nunc ab auspicio bono profecti,
Mutuis animis amant, amantur.
Unam Septimius misellus Acmen
Mavolt, quam Syrias Britanniasque;
Uno in Septimio fidelis Acme
Facit delicias, libidinesque.
Quis ullos homines beatiores
Vidit? quis Venerem auspicatiorem?

XLVI.

DE ADVENTU VERIS.

Jam ver egelidos refert tepores,
Jam coeli furor aequinoctialis
Jucundis zephyri silescit auris.
Linquantur Phrygii, Catulle, campi,
Nicaeaeque ager uber aestuosae.
Ad claras Asiae volemus urbes.
Jam mens praetrepidans avet vagari;
Jam laeti studio pedes vigescunt.

Alors Acmé, la tête mollement inclinée, et pressant de ses lèvres de rose les yeux ivres d'amour de Septimius : « Cher Septimius, ô ma vie ! s'il est vrai, dit-elle, que le feu qui brûle dans mes veines est plus fort, plus ardent que le tien ; ne servons jusqu'à la mort qu'un seul maître, et que ce soit l'Amour. » Elle dit ; et l'Amour, long-temps contraire à ses vœux, applaudit à cette résolution.

Maintenant, unis sous des auspices si favorables, toujours aimant, toujours aimés, le tendre Septimius préfère son Acmé à tous les trésors de la Syrie et de la Bretagne ; et la fidèle Acmé trouve dans son Septimius toute sa félicité, tout son plaisir. Vit-on jamais couple plus heureux, plus comblé des faveurs de Vénus ?

XLVI.

LE RETOUR DU PRINTEMPS.

Déja le printemps nous ramène les tièdes chaleurs ; déjà le doux souffle des zéphyrs fait taire les vents fougueux de l'équinoxe. Catulle, quittons, il en est temps, les champs de la Phrygie et les fertiles plaines de la brûlante Nicée ; volons vers les villes célèbres de l'Asie. Déjà mon esprit, impatient du repos, brûle d'errer en liberté ; déjà mes pieds s'apprêtent à commencer gaîment le voyage. Adieu donc, ô mes amis, nos douces

O dulces comitum valete coetus,
Longe quos simul a domo profectos
Diverse variæ viæ reportant.

XLVII.

AD PORCIUM ET SOCRATIONEM.

Porci et Socration, duæ sinistræ
Pisonis, scabies famesque Memmi;
Vos Veranniolo meo et Fabullo
Verpus præposuit Priapus ille?
Vos convivia lauta sumptuose
De die facitis; mei sodales
Quærunt in triviis vocationes?

XLVIII.

AD JUVENTIUM.

Mellitos oculos tuos, Juventi,
Si quis me sinat usque basiare,
Usque ad millia basiem trecenta,
Nec unquam saturum inde cor futurum est;
Non si densior aridis aristis
Sit nostræ seges osculationis.

réunions, adieu ; divers chemins vont ramener chacun de nous dans ses foyers, dont une longue distance le séparait.

XLVII.

A PORCIUS ET SOCRATION.

Complices des rapines de Pison, fléaux qui suivez Memmius comme la peste et la famine; il est donc vrai, ce Priape circoncis vous préfère à mon Verannius, à mon cher Fabullus? tandis que vous faites en plein jour des festins splendides et somptueux, mes pauvres amis vont de carrefour en carrefour quêtant un souper?

XLVIII.

A JUVENTIUS.

Ah! s'il m'était donné, Juventius, de baiser sans cesse tes yeux si doux, trois cent mille baisers ne pourraient assouvir mon amour ; que dis-je? fussent-ils plus nombreux que les épis mûrs de la moisson, ce serait encore trop peu de baisers.

XLIX.

AD M. T. CICERONEM.

Disertissime Romuli nepotum
Quot sunt, quotque fuere, Marce Tulli,
Quotque post aliis erunt in annis;
Gratias tibi maximas Catullus
Agit, pessimus omnium poeta;
Tanto pessimus omnium poeta,
Quanto tu optimus omnium patronus.

L.

AD LICINIUM.

Hesterno, Licini, die otiosi
Multum lusimus in meis tabellis,
Ut convenerat esse; delicatos
Scribens versiculos uterque nostrum,
Ludebat numero modo hoc, modo illoc,
Reddens mutua per jocum atque vinum.
Atque illinc abii, tuo lepore
Incensus, Licini, facetiisque,
Ut nec me miserum cibus juvaret,
Nec somnus tegeret quiete ocellos,
Sed toto indomitus furore lecto
Versarer, cupiens videre lucem,
Ut tecum loquerer, simulque ut essem.
At defessa labore membra postquam

XLIX.

A M. T. CICÉRON.

O le plus éloquent des fils de Romulus, passés, présens, et qui naîtront dans la suite des âges, Marcus Tullius, reçois les actions de grâce de Catulle, le dernier des poètes ; de Catulle, dont le rang est aussi infime parmi les poètes, que le tien est élevé parmi les orateurs.

L.

A LICINIUS.

Hier, Licinius, tous les deux de loisir, comme nous en étions convenus, nous avons couvert mes tablettes de joyeux impromptus ; chacun de nous, s'escrimant en vers badins, traitait tantôt un sujet, tantôt un autre ; et, sous la double inspiration de la joie et du vin, payait tour-à-tour son tribut. Je t'ai quitté, Licinius, tellement enthousiasmé de ton esprit, de ta gaîté, que, loin de toi, tous les mêts semblaient fades à ton malheureux ami : le sommeil ne pouvait fermer mes paupières ; mais agité dans mon lit d'une fureur que rien ne pouvait calmer, je me retournais dans tous les sens, appelant de tous mes vœux le retour de la lumière pour m'entretenir avec toi, pour jouir encore du bonheur de te voir. Mais, lorsqu'enfin, épuisé par cette longue lutte, je suis retombé presque mort sur mon lit, j'ai composé ces vers pour toi, mon

Semimortua lectulo jacebant,
Hoc, jucunde, tibi poema feci,
Ex quo perspiceres meum dolorem.
Nunc audax, cave, sis; precesque nostras,
Oramus, cave despuas, ocelle,
Ne poenas Nemesis reposcat a te;
Est vehemens Dea; lædere hanc caveto.

LI.

AD LESBIAM.

Ille mihi par esse Deo videtur,
Ille, si fas est, superare Divos,
Qui sedens adversus identidem te
    Spectat et audit
Dulce ridentem, misero quod omnes
Eripit sensus mihi : nam simul te,
Lesbia, adspexi, nihil est super mi
    . . . .
Lingua sed torpet : tenuis sub artus
Flamma dimanat : sonitu suopte
Tintinant aures : gemina teguntur
    Lumina nocte.
Otium, Catulle, tibi molestum est;
Otio exsultas, nimiumque gestis;
Otium et reges prius, et beatas
    Perdidit urbes.

aimable ami, pour t'exprimer tous mes regrets de ton absence. Ne vas pas maintenant, lumière de mon âme, dédaigner mes vœux, mes prières, ou crains que Némésis ne punisse ton orgueil : c'est une déesse redoutable ; garde-toi de l'offenser !

LI.

A LESBIE.

Il est l'égal d'un dieu, il est plus qu'un dieu, s'il est donné à un mortel de surpasser les dieux, celui qui, assis près de toi, te voit, t'entend doucement lui sourire. Hélas ! ce bonheur m'a ravi l'usage de tous mes sens. . . . .

Dès que je te vois, ô Lesbie, j'oublie tout, ma langue se glace, un feu subtil circule dans mes veines, un tintement confus bourdonne à mon oreille, mes yeux se couvrent d'une nuit épaisse.

Catulle, l'oisiveté te sera funeste ; tu te plais dans l'inaction, elle a pour toi trop d'attrait ; avant toi l'inaction a perdu et les rois et les empires les plus florissans.

LII.

DE STRUMA ET VATINIO.

Quid est, Catulle, quid moraris emori?
Sella in curuli Struma Nonius sedet;
Per consulatum pejerat Vatinius.
Quid est, Catulle, quid moraris emori?

LIII.

DE QUODAM ET CALVO.

Risi nescio quem modo in corona,
Qui, quum mirifice Vatiniana
Meus crimina Calvus explicasset,
Admirans ait hæc, manusque tollens:
Dii magni, salaputium disertum!

LIV.

AD CÆSAREM.

Othonis caput oppido pusillum,
Vettî, rustice, semilauta crura,
Subtile et leve peditum Libonis,
Si non omnia, displicere vellem
Tibi, et Fuffitio seni recocto.
Irascere iterum meis iambis
Immerentibus, unice imperator.

LII.

SUR STRUMA ET VATINIUS.

Eh bien, Catulle, qu'attends-tu donc pour mourir ? Nonius Struma est assis sur la chaise curule ; Vatinius se parjure pour obtenir le consulat : Catulle, qu'attends-tu de plus pour mourir ?

LIII.

D'UN QUIDAM ET DE CALVUS.

J'ai bien ri, l'autre jour, dans une assemblée où mon cher Calvus dévoilait merveilleusement les crimes de Vatinius, d'entendre je ne sais qui s'écrier d'un ton d'admiration, en levant les mains au ciel : « Grands dieux ! quel éloquent petit bout d'homme ! »

LIV.

A CÉSAR.

Libertin grossier, si tout dans tes mignons ne te déplaît pas, je voudrais, du moins, que toi et Fuffitius, ce vieux débauché, vous eussiez assez de goût pour être dégoûtés de la tête de fuseau d'Othon, des sales jambes de Vettius, et des exhalaisons traîtresses que laisse échapper Libon. Héros sans pareil, excuse donc mes ïambes, si, sans le vouloir, ils excitent de nouveau ton courroux.

LV.

AD CAMERIUM.

Oramus, si forte non molestum est,
Demonstres ubi sint tuæ tenebræ.
Te quæsivimus in minore Campo,
Te in circo, te in omnibus tabellis,
Te in templo superi Jovis sacrato,
In Magni simul ambulatione;
Femellas omnes, amice, prendi,
Quas voltu vidi tamen sereno;
Has vel te sic ipse flagitabam :
Camerium mihi, pessimæ puellæ.
Quædam inquit, nudum sinum reducens;
En hic in roseis latet papillis.
Sed te jam ferre Herculei labos est.
Tanto te in fastu negas, amice.
Dic nobis, ubi sis futurus : ede,
Audacter committe, crede luci.
Num te lacteolæ tenent papillæ?
Si linguam clauso tenes in ore,
Fructus projicies amoris omnes;
Verbosa gaudet Venus loquela.
Vel, si vis, licet obseres palatum,
Dum vostri sim particeps amoris.
Non custos si fingar ille Cretum,
Non si Pegaseo ferar volatu,
Non Ladas si ego, pennipesve Perseus,
Non Rhesi niveæ citæque bigæ;

LV.

A CAMERIUS.

De grâce, Camerius, s'il n'y a pas d'indiscrétion de ma part, indique-moi où tu te caches. Je t'ai cherché partout, dans le Champ-de-Mars, au Cirque, dans toutes les tavernes, dans le temple du grand Jupiter, sous les galeries du cirque de Pompée ; j'ai arrêté au passage toutes les jolies filles, et aucune cependant n'a changé de visage, lorsque je lui demandais avec instance de tes nouvelles : « Friponnes, leur disais-je, qu'avez-vous fait de mon cher Camerius ? » L'une d'elles pourtant, découvrant son sein et me montrant deux boutons de roses : « Tiens, dit-elle, il est là. »

Enfin, déterrer ta retraite, c'est un des travaux d'Hercule. D'où te vient cet orgueil qui te dérobe à tes amis ? dis-nous donc où il faut désormais te chercher ? Allons, courage ; confie-toi à moi, montre-toi au grand jour. Est-il vrai que tu te caches dans un sein d'albâtre ? Si ta langue reste ainsi clouée à ton palais, c'est perdre tout le fruit de tes amours, car Vénus aime les indiscrétions. Ou bien encore, si tu ne veux pas desserrer les dents, permets-moi d'être le confident de vos amours.

Quand bien même j'aurais le corps de bronze du géant Talus, le vol rapide de Pégase, la vitesse de Ladas, les pieds ailés de Persée, et la légèreté des blancs chevaux de Rhésus ; quand tu attellerais à mon char tous

Adde huc plumipedes volatilesque,
Ventorumque simul require cursum,
Quos junctos, Cameri, mihi dicares;
Defessus tamen omnibus medullis,
Et multis languoribus peresus
Essem, te, mi amice, quæritando.

LVI.

AD CATONEM.

O REM ridiculam, Cato, et jocosam,
Dignamque auribus, et tuo cachinno.
Ride, quidquid amas, Cato, Catullum;
Res est ridicula et nimis jocosa.
Deprendi modo pupulum puellæ
Trusantem. Hunc ego, si placet Dionæ,
Pro telo rigida mea cecidi.

LVII.

AD MAMURRAM ET CÆSAREM.

PULCHRE convenit improbis cinædis
Mamurræ pathicoque, Cæsarique.
Nec mirum: maculæ pares utrisque,
Urbana altera, et illa Formiana,
Impressæ resident, nec eluentur.
Morbosi pariter, gemelli utrique;

les êtres emplumés, tous les habitans de l'air; fussé-je même porté sur l'aile des vents, bientôt, mon ami, je tomberais épuisé de fatigue, accablé de langueur, à force de te chercher.

LVI.

A CATON.

O LA plaisante, la drôle d'aventure, mon cher Caton! elle vaut la peine que tu l'entendes, toi qui aimes tant à rire. Ris donc, mon cher Caton, pour l'amour de moi; car c'est aussi par trop drôle, par trop plaisant. Je viens de surprendre un petit morveux qui s'efforçait de déflorer une jeune fille. Et moi, que Vénus me le pardonne; j'ai percé le bambin d'un trait vengeur.

LVII.

CONTRE MAMURRA ET CÉSAR.

QUE vous êtes bien faits l'un pour l'autre, infâmes débauchés, César, et toi Mamurra, son vil Giton! Qui pourrait s'étonner de votre intimité? tous deux flétris, l'un à Rome, l'autre à Formies, de stigmates honteux, indélébiles; tous deux portant les cicatrices de la débauche; jumeaux de luxure, formés dans un même lit

Uno in lectulo, erudituli ambo;
Non hic, quam ille, magis vorax adulter,
Rivales socii puellularum.
Pulchre convenit improbis cinædis.

LVIII.

AD COELIUM DE LESBIA.

Cœli, Lesbia nostra, Lesbia illa,
Illa Lesbia, quam Catullus unam
Plus quam se, atque suos amavit omnes,
Nunc in quadriviis et angiportis
Glubit magnanimos Remi nepotes.

LIX.

DE RUFA ET RUFULO.

Bononiensis Rufa Rufulum fellat,
Uxor Meneni, sæpe quam in sepulcretis
Vidistis ipso rapere de rogo cœnam,
Quum devolutum ex igne prosequens panem
Ab semiraso tunderetur ustore.

LX.

Num te leæna montibus Libyssinis,
Aut Scylla latrans infima inguinum parte,

à l'école du vice ; l'un n'est pas moins ardent que l'autre dans ses poursuites adultères ; tous deux rivaux à la fois des deux sexes. Infâmes débauchés, que vous êtes bien faits l'un pour l'autre !

LVIII.

SUR L'INFIDÉLITÉ DE LESBIE.

Célius, ma Lesbie, cette Lesbie adorée, cette Lesbie que Catulle chérissait plus que lui-même, plus que tous ses parens, plus que tous ses amis ; Lesbie maintenant, vil rebut des coins de rue et des carrefours, masturbe les magnanimes descendans de Rémus.

LIX.

SUR RUFA ET RUFULUS.

Rufa de Bologne, l'épouse de Menenius, se prête aux goûts infâmes de Rufulus ; cette Rufa que vous avez vue si souvent réduite à dérober son souper sur le bûcher des morts, courant après les morceaux de pain qui en tombaient, et dont elle frustrait l'esclave demi tondu chargé d'entretenir le feu.

LX.

Coeur de fer, est-ce une lionne de Libye, est-ce la féroce Scylla, dont une meute aboyante forme la cein-

Tam mente dura procreavit ac tetra,
Ut supplicis vocem in novissimo casu
Contemptam haberes? O nimis fero corde!

LXI.

IN NUPTIAS JULIÆ ET MANLII.

Collis o Heliconei
Cultor, Uraniæ genus,
Qui rapis teneram ad virum
Virginem, o Hymenæe Hymen,
Hymen o Hymenæe;
    Cinge tempora floribus
Suaveolentis amaraci.
Flammeum cape: lætus huc
Huc veni, niveo gerens
Luteum pede soccum;
    Excitusque hilari die,
Nuptialia concinens
Voce carmina tinnula,
Pelle humum pedibus, manu
Pineam quate tædam.
    Namque Julia Manlio,
Qualis Idalium colens
Venit ad Phrygium Venus
Judicem, bona cum bona
Nubit alite virgo;

ture, qui t'a donné, avec le jour, cette insensibilité cruelle et barbare qui te fait dédaigner la voix suppliante d'un ami réduit au dernier degré du malheur?

LXI.

ÉPITHALAME DE JULIE ET DE MANLIUS.

Habitant de la double colline, fils de Vénus Uranie, toi qui livres la tendre vierge aux bras de son ardent époux, dieu d'hyménée, ô Hymen; ô Hymen, dieu d'hyménée!

Ceins ton front de marjolaines odorantes. Prends ton voile; qu'un jaune brodequin pare tes pieds blancs, et, joyeux, viens ici, viens parmi nous.

Animée par un jour si beau, que ta voix argentine chante l'hymne nuptiale; et secouant ton flambeau résineux, frappe la terre de tes pas cadencés.

Telle que la déesse d'Idalie, Vénus, lorsqu'elle se présenta devant le juge phrygien, Julie s'unit à Manlius, et les plus heureux auspices sourient à la vertu;

Floridis velut enitens
Myrtus Asia ramulis,
Quos Hamadryades Deæ
Ludicrum sibi roscido
Nutriunt humore.

Quare age, huc aditum ferens
Perge linquere Thespiæ
Rupis Aonios specus,
Lympha quos super inrigat
Frigerans Aganippe:

Ac domum dominam voca,
Conjugis cupidam novi
Mentem amore revinciens,
Ut tenax hedera huc et huc
Arborem implicat errans.

Vos item simul integræ
Virgines, quibus advenit
Par dies, agite, in modum
Dicite: O Hymenæe Hymen,
Hymen o Hymenæe;

Ut lubentius, audiens
Se citarier ad suum
Munus, huc aditum ferat
Dux bonæ Veneris, boni
Conjugator amoris.

Quis Deus magis ah magis
Est petendus amantibus?
Quem colent homines magis
Cœlitum? O Hymenæe Hymen,
Hymen o Hymenæe.

Ou tel encore, sur les bords de l'Asia, s'élève un myrte aux rameaux fleuris, délices des Hamadryades, qui l'abreuvent d'une limpide rosée.

Porte donc ici tes pas; hâte-toi de quitter les rochers de Thespies et les grottes Aoniennes qu'arrose de ses fraîches ondes la source Aganippide.

Conduis dans la nouvelle demeure, dont elle devient la maîtresse, cette vierge qui soupire après son époux; qu'elle s'enchaîne à lui par les liens de l'amour, comme le lierre flexible embrasse l'ormeau de mille étreintes.

Et vous, vierges chastes, pour qui luira bientôt un pareil jour, chantez aussi, chantez en chœur : Dieu d'hyménée, ô Hymen ; ô Hymen, dieu d'hyménée!

Afin qu'appelé par vos chants à remplir son doux ministère, ce dieu se hâte de venir, suivi de Vénus pudique, former les nœuds d'un amour légitime.

Eh! quel dieu plus propice peuvent invoquer les amans? Quel dieu de l'Olympe est plus digne que toi de l'hommage des mortels, dieu d'hyménée, ô Hymen; ô Hymen, dieu d'hyménée?

Te suis tremulus parens
Invocat : tibi virgines
Zonula soluunt sinus;
Te timens cupida novus
Captat aure maritus.

Tu fero juveni in manus
Floridam ipse puellulam
Matris e gremio suæ
Dedis, o Hymenæe Hymen,
Hymen o Hymenæe.

Nil potest sine te Venus,
Fama quod bona comprobet,
Commodi capere : at potest,
Te volente. Quis huic Deo
Compararier ausit?

Nulla quit sine te domus
Liberos dare, nec parens
Stirpe jungier : at potest
Te volente. Quis huic Deo
Compararier ausit?

Quæ tuis careat sacris,
Non queat dare præsides
Terra finibus : at queat,
Te volente. Quis huic Deo
Compararier ausit?

Claustra pandite januæ,
Virgo adest. Viden', ut faces
Splendidas quatiunt comas?
Sed moraris, abit dies;
Prodeas, nova nupta.

Le père, d'une voix tremblante, t'invoque pour ses enfans ; sous tes auspices, la vierge dénoue sa chaste ceinture ; et l'époux, qu'agite un reste de crainte, écoute d'une oreille avide tes chants joyeux.

C'est toi qui livres à l'époux frémissant de plaisir, sa jeune épouse, tendre fleur ravie au sein de sa mère, dieu d'hyménée, ô Hymen ; ô Hymen, dieu d'hyménée !

Sans toi, Vénus n'a point de plaisirs que puisse avouer l'honneur : par toi ses feux deviennent légitimes. Quel dieu oserait s'égaler au dieu d'hymen ?

Sans toi, nulle maison ne peut avoir de postérité, ni le père d'enfans qui propagent sa race : par toi les familles se perpétuent. Quel dieu oserait s'égaler au dieu d'hymen ?

Sans toi, sans ton culte sacré, la patrie n'a point de guerriers qui protègent ses frontières : elle te doit ses défenseurs. Quel dieu oserait s'égaler au dieu d'hymen ?

Ouvrez les portes du sanctuaire, la vierge s'avance. Vois ces brillans flambeaux agiter leur ardente chevelure ! Ne tarde plus, jeune épouse ; le jour fuit, hâte-toi de paraître.

Tardat ingenuus pudor,
Quæ tamen magis audiens
Flet, quod ire necesse sit.
Sed moraris, abit dies;
Prodeas, nova nupta.

Flere desine. Non tibi,
Aurunculeia, periculum est,
Ne qua fœmina pulchrior
Clarum ab Oceano diem
Viderit venientem.

Talis in vario solet
Divitis domini hortulo
Stare flos hyacinthinus.
Sed moraris, abit dies :
Prodeas, nova nupta.

Prodeas, nova nupta, si
Jam videtur, et audias
Nostra verba. Viden'? faces
Aureas quatiunt comas.
Prodeas, nova nupta.

Non tuus levis in mala
Deditus vir adultera,
Probra turpia persequens,
A tuis teneris volet
Secubare papillis;

Lenta qui velut assitas
Vitis implicat arbores,
Implicabitur in tuum
Complexum. Sed abit dies;
Prodeas, nova nupta.

La pudeur ingénue retarde tes pas, et, bien que déjà plus docile, tu pleures, car il faut partir. Mais ne tarde plus, jeune épouse; le jour fuit, hâte-toi de paraître.

Sèche tes larmes, noble race d'Aurunculus; ne crains pas que jamais plus belle épouse ait vu le soleil, sortant du sein des ondes, éclairer sa couche nuptiale.

Telle, dans le jardin d'un riche propriétaire, brille l'hyacinthe parmi les fleurs qui l'entourent. Mais ne tarde plus, jeune épouse ; le jour fuit, hâte-toi de paraître.

Parais, jeune épouse, si rien ne t'arrête, écoute nos chants joyeux. Vois les flambeaux agiter leur ardente chevelure. Jeune épouse, hâte-toi de paraître.

Ne crains pas que jamais volage, ton époux se livre à des feux adultères, et, pour chercher ailleurs de honteux plaisirs, quitte le sein d'une tendre épouse;

Non, pareil à la vigne qui s'enlace aux arbres voisins, tu le tiendras enchaîné par tes embrassemens. Mais le jour fuit, jeune épouse, hâte-toi de paraître.

. . . .
. . . .
. . . .
O cubile, quot [o nimis
Candido pede lecti]
    Quæ tuo veniunt hero,
Quanta gaudia, quæ vaga
Nocte, quæ media die
Gaudeat. Sed abit dies;
Prodeas, nova nupta.

    Tollite, o pueri, faces;
Flammeum video venire.
Ite, concinite in modum;
Io Hymen Hymenæe io,
Io Hymen Hymenæe.

    Neu diu taceat procax
Fescennina locutio;
Neu nuces pueris neget
Desertum domini audiens
Concubinus amorem.

    Da nuces pueris, iners
Concubine. Satis diu
Lusisti nucibus. Lubet
Jam servire Thalassio.
Concubine nuces da.

    Sordebant tibi villuli
Concubine, hodie atque heri;
Nunc tuum cinerarius
Tondet os. Miser, ah miser
Concubine, nuces da.

. . . .
. . . .
. . . .

O lit que décore l'ivoire, que de voluptés, que de joies tu promets à ton maître! que d'heureuses nuits, que d'heureux jours! Mais le jour fuit, parais enfin, jeune épouse.

Enfans, élevez vos flambeaux; je vois l'épouse qui s'avance, couverte du voile nuptial. Allez, répétez en cadence : Vive, vive à jamais Hymen, dieu d'hyménée!

Mais ne tardez plus à vous faire entendre, chants fescennins; et toi, naguère le favori de ton maître, aujourd'hui l'objet de ses dédains, esclave, jette aux enfans les noix qui leur sont dues.

Inutile Giton, jette des noix aux enfans. Et toi aussi, assez long-temps tu as joué avec des noix; maintenant il te faut servir Thalassius. Esclave, jette des noix aux enfans.

Hier, ce matin encore, tes joues s'ombrageaient d'un duvet naissant; maintenant le barbier va raser ton menton. Pauvre, pauvre Giton, jette des noix aux enfans.

CATULLI CARMEN LXI.

Diceris male te a tuis
Unguentate glabris marite
Abstinere : Sed abstine.
Io Hymen Hymenæe io,
Io Hymen Hymenæe.

    Scimus hæc tibi, quæ licent,
Sola cognita : sed marito
Ista non eadem licent.
Io Hymen Hymenæe io,
Io Hymen Hymenæe.

    Nupta tu quoque, quæ tuus
Vir petet, cave ne neges;
Ne petitum aliunde eat.
Io Hymen Hymenæe io,
Io Hymen Hymenæe.

    En tibi domus et potens,
Et beata viri tui,
Quo tibi, sine, serviat,
(Io Hymen Hymenæe io,
Io Hymen Hymenæe)

    Usque dum tremulum movens
Cana tempus anilitas
Omnia omnibus abnuit.
Io Hymen Hymenæe io,
Io Hymen Hymenæe.

    Transfer omine cum bono
Limen aureolos pedes,
Rasilemque subi forem.
Io Hymen Hymenæe io,
Io Hymen Hymenæe.

Et toi, époux parfumé, ce n'est, dit-on, qu'à regret que tu renonces à tes mignons imberbes : tu dois pourtant y renoncer. Vive, vive à jamais Hymen, dieu d'hyménée !

Tu n'as jamais connu, Manlius, que les plaisirs permis à ton âge, nous le savons ; mais ces plaisirs, l'Hymen ne te les permet plus. Vive, vive à jamais Hymen, dieu d'hyménée !

Et toi, jeune épouse, garde-toi de te montrer rébelle aux désirs de ton époux, ou crains qu'il n'aille chercher ailleurs les plaisirs que tu lui refuses. Vive, vive à jamais Hymen, dieu d'hyménée !

Devant toi s'ouvre l'heureuse et puissante maison de ton époux ; permets-lui de prévenir tous tes vœux. Vive, vive à jamais Hymen, dieu d'hyménée !

Jusqu'à ce que vienne la vieillesse aux cheveux blancs, à la tête tremblante, qui nous enlève à tous tous nos biens. Vive, vive à jamais Hymen, dieu d'hyménée !

Franchis, sous d'heureux auspices, la porte de ta nouvelle demeure, et que tes pieds n'en effleurent pas le seuil. Vive, vive à jamais Hymen, dieu d'hyménée !

CATULLI CARMEN LXI.

Adspice, intus ut accubans
Vir tuus Tyrio in toro,
Totus immineat tibi.
Io Hymen Hymenæe io,
Io Hymen Hymenæe.

Illi, non minus ac tibi,
Pectore uritur intimo
Flamma, sed penite magis.
Io Hymen Hymenæe io,
Io Hymen Hymenæe.

Mitte brachiolum teres,
Prætextate, puellulæ;
Jam cubile adeat viri.
Io Hymen Hymenæe io,
Io Hymen Hymenæe.

Vos bonæ senibus viris
Cognitæ bene fœminæ,
Collocate puellulam.
Io Hymen Hymenæe io,
Io Hymen Hymenæe.

Jam licet venias, marite;
Uxor in thalamo est tibi
Ore floridulo nitens;
Alba parthenice velut,
Luteumve papaver.

At marite (ita me juvent
Cœlites) nihilominus
Pulcher es, neque te Venus
Negligit. Sed abit dies;
Perge, ne remorare.

Vois, dans la chambre nuptiale, ton époux qui, du haut de son lit de pourpre, tend vers toi ses bras caressans. Vive, vive à jamais Hymen, dieu d'hyménée !

Pareil au tien, et plus ardent encore, est le feu qui brûle au fond de son âme. Vive, vive à jamais Hymen, dieu d'hyménée !

Jeune guide de l'épousée, quitte son bras blanc et poli ; qu'elle s'approche, sans toi, du lit de son époux. Vive, vive à jamais Hymen, dieu d'hyménée !

Et vous, chastes matrones, dont l'éloge est dans la bouche de tous les vieillards, placez la jeune épouse dans la couche nuptiale. Vive, vive à jamais Hymen, dieu d'hyménée !

Heureux mari ! maintenant tu peux venir ; dans ton lit est ta jeune épouse ; la fleur de la jeunesse brille sur son visage, semblable à la blanche pariétaire ou au pavot pourpré.

Mais l'époux (les dieux m'en sont témoins), l'époux n'a pas moins de charmes : pour lui, Vénus ne fut pas moins prodigue de ses faveurs. Mais le jour fuit ; hâte-toi, Manlius, que rien ne t'arrête.

CATULLI CARMEN LXI.

Non diu remoratus es.
Jam venis. Bona te Venus
Juverit : quoniam palam
Quod cupis, capis, et bonum
Non abscondis amorem.

Ille pulvis Erythrei,
Siderumque micantium
Subducat numerum prius,
Qui vostri numerare volt
Multa millia ludi.

Ludite, ut lubet, et brevi
Liberos date. Non decet
Tam vetus sine liberis
Nomen esse : sed indidem
Semper ingenerari.

Torquatus, volo, parvulus
Matris e gremio suæ
Porrigens teneras manus,
Dulce rideat ad patrem,
Semihiante labello.

Sit suo similis patri
Manlio, et facile insciis
Noscitetur ab omnibus,
Et pudicitiam suæ
Matris indicet ore.

Talis illius a bona
Matre laus genus approbet,
Qualis unica ab optima
Matre Telemacho manet
Fama Penelopeo.

Tu ne t'es pas fait long-temps attendre : te voici. Que Vénus te soit propice ! car aujourd'hui tu peux sans mystère jouir de l'objet de tes vœux ; tu n'as point à cacher un amour légitime.

Qui pourrait compter toutes vos caresses? on compterait plutôt les grains de sable de la mer d'Érythrée, ou les astres qui brillent à la voûte étoilée.

Livrez-vous sans contrainte à vos joyeux ébats, et que bientôt de vous naissent des enfans qui propagent une race trop illustre pour s'éteindre faute de rejetons ; que, par vous, d'elle-même elle se renouvelle.

Je veux qu'un jeune Torquatus, du sein d'une mère adorée, tende ses faibles mains vers son père, et que sa bouche entr'ouverte l'accueille par un doux sourire;

Que vivante image de son père, les étrangers mêmes, au premier aspect, reconnaissent en lui le fils de Manlius, et que ses traits rendent témoignage de la chasteté de sa mère;

Que les vertus de sa mère, garans de la noblesse de sa race, fassent rejaillir sur lui une gloire aussi pure que celle dont Pénélope dota son fils Télémaque.

Claudite ostia, virgines;
Lusimus satis. At, boni
Conjuges, bene vivite, et
Munere assiduo valentem
Exercete juventam.

LXII.

CARMEN NUPTIALE.

JUVENES.

Vesper adest, Juvenes, consurgite: Vesper Olympo
Exspectata diu vix tandem lumina tollit.
Surgere jam tempus, jam pingues linquere mensas;
Jam veniet virgo, jam dicetur Hymenæus.
Hymen o Hymenæe, Hymen ades o Hymenæe.

PUELLÆ.

Cernitis, innuptæ, juvenes? consurgite contra,
Nimirum OEtæos ostendit Noctifer ignes.
Sic certe, viden' ut perniciter exsiluere?
Non temere exsiluere : canent quod vincere par est,
Hymen o Hymenæe, Hymen ades o Hymenæe.

JUVENES.

Non facilis nobis, æquales, palma parata est;
Adspicite, innuptæ secum ut meditata requirunt.
Non frustra meditantur : habent memorabile quod sit.
Nec mirum : tota penitus quæ mente laborent.

Jeunes filles, fermez la chambre nuptiale; nos chants doivent cesser. Et vous, nobles époux, vivez heureux; que votre jeunesse vigoureuse se livre sans relâche aux travaux de Vénus.

LXII.

CHANT NUPTIAL.

CHOEUR DES ADULTES.

Voici Vesper, jeunes gens, levez-vous : Vesper allume enfin dans les cieux son flambeau désiré; levons-nous, il en est temps, quittons ces tables somptueuses. La jeune épouse va venir, bientôt vont retentir les chants d'hyménée. Hymen, ô hyménée; viens Hymen, ô hyménée!

CHOEUR DES JEUNES FILLES.

Jeunes vierges, voyez-vous ces jeunes gens? levez-vous pour les combattre; car déjà l'étoile du soir s'élève au dessus de l'Œta. Voyez quel est leur empressement à quitter le banquet! sans doute ce n'est pas sans dessein qu'ils s'élancent à notre rencontre : ils vont chanter, leurs chants seront dignes de la victoire. Hymen, ô hyménée; viens Hymen, ô hyménée!

LES ADULTES.

Amis, la victoire ne sera pas facile; voyez ces jeunes filles, répéter entre elles ces chants qu'elles ont long-temps médités. Ce n'est pas en vain qu'elles se concertent : elles préparent quelque chose de grand. Doit-on

Nos alio mentes, alio divisimus aures.
Jure igitur vincemur. Amat victoria curam.
Quare nunc animos saltem committite vestros;
Dicere jam incipient, jam respondere decebit;
Hymen o Hymenæe, Hymen ades o Hymenæe.

PUELLÆ.

Hespere, qui cœlo fertur crudelior ignis?
Qui natam possis complexu avellere matris,
Complexu matris retinentem avellere natam,
Et juveni ardenti castam donare puellam?
Quid faciant hostes capta crudelius urbe?
Hymen o Hymenæe, Hymen ades o Hymenæe.

JUVENES.

Hespere, qui cœlo lucet jucundior ignis?
Qui desponsa tua firmes connubia flamma,
Quod pepigere viri, pepigerunt ante parentes,
Nec junxere prius quam se tuus extulit ardor;
Quid datur a Divis felici optatius hora?
Hymen o Hymenæe, Hymen ades o Hymenæe.

PUELLÆ.

Hesperus e nobis, æquales, abstulit unam.
. . . .
Namque tuo adventu vigilat custodia semper.
Nocte latent fures, quos idem sæpe revertens,
Hespere, mutato comprendis nomine eosdem.

s'en étonner? un seul objet occupe toutes leurs pensées. Mais nous, tandis que nous prêtons l'oreille à leurs chants, notre esprit est ailleurs. Nous serons vaincus, nous devons l'être; la victoire exige de constans efforts. Du moins, recueillons nos esprits pour le combat qui s'apprête : elles vont chanter, nous devons leur répondre. Hymen, ô hyménée; viens Hymen, ô hyménée!

LES JEUNES FILLES.

Vesper, est-il aux cieux un astre plus funeste que toi? C'est toi qui ravis une fille aux embrassemens de sa mère, de sa mère qui veut en vain la retenir; tu livres une chaste vierge aux ardentes caresses de son jeune amant. Que ferait de plus un barbare ennemi dans une ville prise d'assaut? Hymen, ô hyménée; viens Hymen, ô hyménée!

LES ADULTES.

Vesper, est-il aux cieux un astre plus propice que toi? Tu sanctionnes, par ta douce clarté, les nœuds d'un hymen convenu, d'un hymen arrêté d'avance entre les parens et l'époux ; mais cette union n'est jamais consommée avant que tes feux brillent à l'horizon. Vesper, l'heure fortunée de ton retour n'est-elle pas le plus doux bienfait des cieux? Hymen, ô hyménée; viens Hymen, ô hyménée!

LES JEUNES FILLES.

Amies, Vesper nous enlève une de nos compagnes. A son retour, les gardiens redoublent de vigilance. La nuit cache les ravisseurs; mais souvent, Vesper, tu les prends sur le fait, lorsque, changeant de nom, tu recommences ton cours.

JUVENES.

. . . .
At lubet innuptis ficto te carpere questu.
Quid tum si carpunt, tacita quem mente requirunt?
Hymen o Hymenæe, Hymen ades o Hymenæe.

PUELLÆ.

Ut flos in septis secretus nascitur hortis,
Ignotus pecori, nullo contusus aratro,
Quem mulcent auræ, firmat sol, educat imber;
Multi illum pueri, multæ optavere puellæ;
Idem quum tenui carptus defloruit ungui,
Nulli illum pueri, nullæ optavere puellæ;
Sic virgo dum intacta manet, dum cara suis est.
Quum castum amisit polluto corpore florem,
Nec pueris jucunda manet, nec cara puellis.
Hymen o Hymenæe, Hymen ades o Hymenæe.

JUVENES.

Ut vidua in nudo vitis quæ nascitur arvo,
Nunquam se extollit, nunquam mitem educat uvam;
Sed tenerum prono deflectens pondere corpus,
Jamjam contingit summum radice flagellum;
Hanc nulli agricolæ, nulli accoluere juvenci;
At si forte eadem est ulmo conjuncta marito,
Multi illam agricolæ, multi accoluere juvenci;
Sic virgo, dum intacta manet, dum inculta senescit;
Quum par connubium maturo tempore adepta est,
Cara viro magis, et minus est invisa parenti.

LES ADULTES.

Laisse, Vesper, ces jeunes filles t'adresser des reproches simulés; ces larcins, dont leur bouche se plaint, tout bas leur cœur s'en applaudit. Hymen, ô hyménée; viens Hymen, ô hyménée!

LES JEUNES FILLES.

Comme une fleur mystérieuse que protège l'enceinte d'un jardin, croît ignorée des troupeaux, respectée du soc meurtrier, le zéphyr la caresse, le soleil affermit sa tige, la rosée la nourrit; elle est l'objet des vœux de tous les amans, de toutes les amantes; mais à peine séparée de sa tige par un doigt ennemi, flétrie, dédaignée, nul amant, nulle amante ne la regarde plus : ainsi la jeune vierge, tant qu'elle reste pure, est chère à tous ceux de son âge. Mais a-t-elle, prostituant ses charmes, perdu la fleur de sa virginité, pour elle les jeunes gens n'ont plus d'amour, les jeunes filles plus d'amitié. Hymen, ô hyménée; viens Hymen, ô hyménée!

LES ADULTES.

Comme dans un champ inculte croît une vigne solitaire, privée d'appui, jamais elle ne s'élève, jamais elle ne se pare de raisins mûrs; mais courbée sous son propre poids, elle retombe à terre, et ses rameaux rampent au niveau de ses racines : jamais le vigneron, jamais le taureau ne la cultivent. Mais qu'un heureux hymen l'unisse à l'ormeau tutélaire, vignerons et taureaux lui prodiguent à l'envi leurs soins. Ainsi la jeune fille, tant qu'elle reste étrangère à l'amour, vieillit abandonnée; mais lorsque, mûre pour l'hymen, elle contracte une union assortie, chère à son époux, elle en devient plus chère à ses parens.

At tu ne pugna cum tali conjuge, virgo.
Non æquum est pugnare pater quoi tradidit ipse,
Ipse pater cum matre, quibus parere necesse est:
Virginitas non tota tua est; ex parte parentum est;
Tertia pars patri data, pars data tertia matri,
Tertia sola tua est: noli pugnare duobus,
Qui genero sua jura simul cum dote dederunt.
Hymen o Hymenææ, Hymen ades o Hymenææ.

LXIII.

DE ATY.

Super alta vectus Atys celeri rate maria,
Phrygium nemus citato cupide pede tetigit,
Adiitque opaca silvis redimita loca Deæ;
Stimulatus ubi furenti rabie, vagus animi,
Devolvit illa acuta sibi pondera silice.
Itaque ut relicta sensit sibi membra sine viro;
Et jam recente terræ sola sanguine maculans,
Niveis citata cepit manibus leve tympanum,
Tympanum, tubam, Cybelle, tua, mater, initia;
Quatiensque terga tauri teneris cava digitis,
Canere hæc suis adorta est tremebunda comitibus:
« Agite, ite ad alta, Gallæ, Cybeles nemora simul;
Simul ite, Dindymenæ dominæ vaga pecora,
Aliena quæ petentes, velut exsules, loca,

Et toi, jeune vierge, cesse de combattre les désirs d'un si noble époux. Tu ne peux, sans injustice, résister à celui qui t'a reçue des mains d'un père, d'un père et d'une mère auxquels tu dois obéir. Elle n'est pas à toi tout entière, cette virginité que tu lui disputes : tes parens y ont des droits, ton père pour sa part, ta mère pour la sienne ; tu n'as à toi que le tiers de ce trésor. Cesse donc de résister à la double autorité de tes parens, qui ont remis à leur gendre, avec ta dot, leurs droits sur ton cœur. Hymen, ô hyménée; viens Hymen, ô hyménée!

LXIII.

ATYS.

Franchissant les mers profondes sur un rapide esquif, Atys a foulé d'un pied impatient le rivage phrygien, que couronnent d'épaisses forêts consacrées à Cybèle. Il en perce les profondeurs ; et là, en proie aux transports d'une rage insensée, privé de sa raison, il s'arme d'un caillou tranchant, et mutile en lui l'organe de la génération. A peine se voit-il délivré des attributs de la virilité, à peine a-t-il rougi la terre de son sang, que soudain, changeant de sexe, il saisit dans ses mains d'albâtre le léger tambourin, le tambourin et le clairon, signal des mystères de Cybèle. Sous ses doigts délicats retentit la peau bruyante d'un taureau ; agité d'un tremblement frénétique, d'une voix efféminée il s'adresse en ces termes à ses compagnons : « Corybantes, hâtez-vous, gravissons ces hauteurs et ces

Sectam meam exsecutæ, duce me, mihi comites
Rapidum salum tulistis, truculentaque pelagi,
Et corpus evirastis Veneris nimio odio.
Hilarate citatis erroribus animum.
Mora tarda mente cedat : simul ite, sequimini
Phrygiam ad domum Cybelles, Phrygia ad nemora Deæ,
Ubi cymbalum sonat vox, ubi tympana reboant,
Tibicen ubi canit Phryx curvo grave calamo,
Ubi capita Mænades vi jaciunt hederigeræ,
Ubi sacra sancta acutis ululatibus agitant,
Ubi suevit illa Divæ volitare vaga cohors ;
Quo nos decet citatis celerare tripudiis. »

Simul hæc comitibus Atys cecinit notha mulier,
Thiasus repente linguis trepidantibus ululat,
Leve tympanum remugit, cava cymbala recrepant.
Viridem citus adit Idam properante pede chorus.
Furibunda simul, anhelans, vaga vadit, animi egens,
Comitata tympano Atys, per opaca nemora dux,
Veluti juvenca vitans onus indomita jugi.
Rapidæ ducem sequuntur Gallæ pede propero.
Itaque, ut domum Cybelles tetigere, lassulæ
Nimio e labore somnum capiunt sine Cerere.
Piger his labantes languore oculos sopor operit.
Abit in quiete molli rabidus furor animi.

bois consacrés à Cybèle ; partez tous ensemble, troupeaux vagabonds de Dindymène, vous qui, cherchant de nouvelles contrées, exilés volontaires, avez suivi mes pas, et qui, compagnons de ma fuite, avez, guidés par moi, affronté les fureurs et les dangers d'une mer en courroux ; vous qui, par une haine invétérée contre Vénus, vous êtes dépouillés de votre virilité. Égayez vos esprits par des courses rapides. Ne tardez plus ; venez tous, suivez-moi au temple de la déesse, dans les bois de Cybèle, où résonne le bruit des cymbales, où retentit le tambourin, où les sons graves de la flûte recourbée font entendre des airs phrygiens ; c'est là que les Ménades agitent leurs têtes couronnées de lierre, et, par des hurlemens aigus, célèbrent les saints mystères ; c'est là que voltige la suite errante de la déesse. Courons vers ces lieux, courons nous joindre à leurs danses joyeuses. »

A peine Atys, Bacchante nouvelle, eut adressé ces mots à ses compagnons, que soudain la troupe bruyante entonne des chants frénétiques. Le tambourin mugit, la cymbale y répond par son bruit argentin, et le chœur tout entier, en bonds impétueux, s'élance vers les sommets verdoyans de l'Ida. Furieux, haletant, éperdu, hors de lui-même, Atys, le tambour en main, les guide à travers les forêts épaisses ; il court, pareil à la génisse indomptée qui veut se soustraire au joug : ses compagnons le suivent d'un pas rapide ; mais à peine ont-ils touché le seuil du temple, que, succombant à la fatigue et à la faim, ils s'endorment, épuisés par de trop grands efforts ; un sommeil de plomb s'appesantit sur leurs paupières, et leur rage s'éteint, vaincue par les douceurs du repos.

Sed ubi oris aurei sol radiantibus oculis
Lustravit aethera album, sola dura, mare ferum,
Pepulitque noctis umbras vegetis sonipedibus;
Ibi Somnus excitum Atyn fugiens citus abiit;
Trepidantem eum recepit Dea Pasithea sinu.
Ita de quiete molli rapida sine rabie
Simul ipsa pectore Atys sua facta recoluit,
Liquidaque mente vidit sine queis, ubique foret,
Animo aestuante rursum reditum ad vada tetulit:
Ibi maria vasta visens lacrymantibus oculis
Patriam adlocuta voce est ita moesta miseriter;
« Patria o mea creatrix, patria o mea genetrix,
Ego quam miser relinquens, dominos ut herifugae
Famuli solent, ad Idae tetuli nemora pedem;
Ut apud nivem et ferarum gelida stabula forem,
Et earum omnia adirem furibunda latibula;
Ubinam, aut quibus locis te positam, patria, rear?
Cupit ipsa pupula ad te sibi dirigere aciem,
Rabie fera carens dum breve tempus animus est.
Egone a mea remota haec ferar in nemora domo?
Patria, bonis, amicis, genitoribus abero?
Abero foro, palaestra, stadio et gymnasiis?
Miser ah miser, querendum est etiam atque etiam, anime.
Quod enim genus figurae est, ego non quod habuerim?
Ego puber, ego adolescens, ego ephebus, ego puer,
Ego gymnasii fui flos, ego eram decus olei.
Mihi januae frequentes, mihi limina tepida,
Mihi floridis corolis redimita domus erat,
Linquendum ubi esset orto mihi sole cubiculum.
Egone Deum ministra, et Cybeles famula ferar?

Mais dès que le soleil de ses premiers rayons eut doré le pâle azur des cieux, la terre, et les mers orageuses; dès que ses coursiers vigoureux eurent chassé devant eux les ombres de la nuit, le Sommeil s'éloigne d'Atys, et d'un vol rapide retourne dans les bras de la divine Pasithée. Soudain Atys s'éveille, un doux repos a calmé ses transports furieux ; il repasse dans son esprit ce qu'il a fait : alors il voit clairement et l'étendue de son sacrifice, et les lieux où il se trouve. Hors de lui-même, il retourne vers le rivage, et là, les yeux baignés de larmes, contemplant l'immensité des mers, l'infortuné adresse à sa patrie ces tristes paroles : « O ma patrie, ô toi qui m'as vu naître, toi qui m'as nourri dans ton sein! ô ma patrie, toi que j'ai abandonnée, dans mon malheur, comme un esclave qui se dérobe aux fers de son maître ; toi que j'ai quittée pour les bois de l'Ida, pour m'exiler au milieu des neiges, parmi ces antres glacés, ces affreux repaires qu'il me faut disputer aux monstres qui les habitent! ô ma chère patrie! où te chercher, où te trouver? Dans ces courts instans où mon esprit n'est point aveuglé par une rage insensée, que ne puis-je, du moins, diriger vers toi mes regards incertains ! Suis-je donc pour jamais relégué dans ces tristes forêts, loin de mon pays natal, de mes pénates, de mes biens, de mes amis, de mes parens? Adieu, forum, cirques, stades, gymnases, adieu! Malheur! ah! malheur à moi! Que de fois mon âme aura-t-elle à gémir! Est-il quelque métamorphose que je n'aie subie? enfant, adulte, adolescent, jeune homme, j'étais l'honneur du gymnase et la gloire du pugilat. La foule des courtisans qui se pressaient à ma porte n'en laissaient jamais refroidir le seuil ; et lorsque l'aurore venait

Ego Mænas, ego mei pars, ego vir sterilis ero?
Ego viridis algida Idæ nive amicta loca colam?
Ego vitam agam sub altis Phrygiæ columinibus,
Ubi cerva silvicultrix, ubi aper nemorivagus?
Jamjam dolet, quod egi, jamjamque pœnitet. »

Roseis ut huic labellis palans sonitus abiit,
Geminas Deorum ad aures nova nuntia referens,
Ibi juncta juga resolvens Cybele leonibus,
Lævumque pecoris hostem stimulans, ita loquitur:
« Agedum, inquit, age, ferox, i: face ut hinc furoribus,
Face ut hinc furoris ictu reditum in nemora ferat,
Mea libere nimis qui fugere imperia cupit.
Age, cæde terga cauda : tua verbera patere;
Face cuncta mugienti fremitu loca retonent;
Rutilam ferox torosa cervice quate jubam. »

Ait hæc minax Cybelle, religatque juga manu.
Ferus ipse sese adhortans rabidum incitat animum;
Vadit, fremit, refringit virgulta pede vago.
At ubi ultima albicantis loca litoris adiit,
Tenerumque vidit Atyn prope marmora pelagi;
Facit impetum. Ille demens fugit in nemora fera.
Ibi semper omne vitæ spatium famula fuit.

« Dea, magna Dea, Cybelle, Didymi Dea domina,

m'arracher au sommeil, je trouvais ma demeure ornée de guirlandes de fleurs. Et maintenant, que suis-je? une prêtresse des dieux, une suivante de Cybèle, une Ménade ; triste reste de moi-même, je ne suis plus qu'un stérile eunuque. Il me faudra donc consumer ma vie dans ces déserts de l'Ida, couverts d'une éternelle neige, sur ces sommets escarpés, dont la biche sauvage et le farouche sanglier sont les seuls habitans? Qu'ai-je fait? Regrets impuissans! inutiles remords! »

A peine ces vagues paroles, échappées de ses lèvres de rose, ont porté le sujet de ses plaintes aux oreilles des dieux, que Cybèle, détachant un des lions attelés à son char, stimule par ces mots la rage de ce farouche animal : « Va, cours, ministre de ma rage; fais passer la fureur qui t'anime dans le sein de l'audacieux qui voudrait se soustraire à mon empire; force-le de rentrer dans mes bois sacrés. Vole, bats tes flancs de ta queue; anime-toi par les blessures que tu te fais toi-même; que tout retentisse au loin de tes horribles rugissemens; que sur ton cou nerveux s'agite ta crinière menaçante. »

Ainsi parla l'implacable déesse, et de ses propres mains elle délie le monstre. Libre du joug, il s'excite lui-même à la fureur; frémissant de rage, il bondit, et dans sa course vagabonde fait voler en éclats les arbrisseaux fracassés. Bientôt il atteint la grève que le flot blanchit de son écume; il aperçoit le jeune Atys, les yeux fixés sur la mer ; il s'élance.......; Atys, épouvanté, s'enfuit vers les forêts profondes : et désormais, esclave soumis de Cybèle, il lui consacra le reste de sa vie.

« O déesse, grande déesse, Cybèle, souveraine de

Procul a mea tuus sit furor omnis, hera, domo;
Alios age incitatos, alios age rabidos. »

LXIV.

EPITHALAMIUM PELEI ET THETIDOS.

Peliaco quondam prognatae vertice pinus
Dicuntur liquidas Neptuni nasse per undas
Phasidos ad fluctus, et fines Æetaeos;
Quum lecti juvenes, Argivae robora pubis,
Auratam optantes Colchis avertere pellem,
Ausi sunt vada salsa cita decurrere puppi,
Caerula verrentes abiegnis aequora palmis;
Diva quibus, retinens in summis urbibus arces,
Ipsa levi fecit volitantem flamine currum,
Pinea conjungens inflexae texta carinae.
Illa rudem cursu prima imbuit Amphitriten.
Quae simul ac rostro ventosum proscidit aequor,
Tortaque remigio spumis incanduit unda;
Emersere feri candenti e gurgite vultus
Æquoreae monstrum Nereides admirantes;
Illaque haudque alia viderunt luce marinas
Mortales oculi nudato corpore Nymphas,
Nutricum tenus exstantes e gurgite cano.
Tum Thetidis Peleus incensus fertur amore,
Tum Thetis humanos non despexit hymenaeos,
Tum Thetidi pater ipse jugandum Pelea sensit.

Dindyme ! loin de moi, loin de ma retraite tes pieuses fureurs ! Porte ailleurs tes redoutables inspirations, tes transports frénétiques. »

LXIV.

LES NOCES DE THÉTIS ET DE PÉLÉE.

Jadis les pins antiques, nés sur le sommet du Pélion, traversant l'empire de Neptune, parvinrent, dit-on, jusqu'aux rives du Phase, jusqu'aux frontières lointaines du royaume de Colchos ; lorsqu'une foule de héros, l'élite de la jeunesse argienne, méditant la conquête de la toison d'or, osa, sur un rapide esquif, parcourir l'onde amère, et fit gémir les flots sous l'agile aviron. La déesse, protectrice des hautes citadelles, courbant de sa propre main les ais flexibles des pins entrelacés, construisit ce char ailé qu'un léger souffle fit voler sur les ondes, et qui, le premier, effleura le sein vierge encore d'Amphitrite. A peine la proue recourbée eut sillonné la plaine orageuse, à peine, battue par les rames, l'onde se couvrit d'une blanche écume, que du gouffre bouillonnant on vit sortir les Néréides, admirant d'un œil étonné ce flottant prodige. Ce fut la seule fois que des yeux mortels purent contempler à loisir les charmes nus des Nymphes de la mer, dont la gorge d'albâtre s'élevait au dessus des flots.

Alors Pélée s'enflamma d'amour pour Thétis, alors Thétis ne dédaigna plus les feux d'un mortel, alors le père de cette déesse, Nérée lui-même, consentit à unir Thétis à Pélée.

O nimis optato seclorum tempore nati
Heroes, salvete, Deum genus! o bona mater!
Vos ego saepe meo, vos carmine compellabo.
Teque adeo eximie taedis felicibus aucte,
Thessaliae columen, Peleu, quoi Jupiter ipse,
Ipse suos Divum genitor concessit amores;
Tene Thetis tenuit pulcherrima Neptunine?
Tene suam Thetys concessit ducere neptem,
Oceanusque, mari totum qui amplectitur orbem?

Quae simul optatae finito tempore luces
Advenere, domum conventu tota frequentat
Thessalia: oppletur laetanti regia coetu;
Dona ferunt: prae se declarant gaudia vultu.
Deseritur Scyros: linquunt Phthiotica Tempe,
Cranonisque domos, ac moenia Larissaea;
Pharsaliam coeunt, Pharsalia tecta frequentant.
Rura colit nemo; mollescunt colla juvencis;
Non humilis curvis purgatur vinea rastris;
Non glebam prono convellit vomere taurus;
Non falx attenuat frondatorum arboris umbram;
Squalida desertis robigo infertur aratris.

Ipsius at sedes, quacunque opulenta recessit
Regia, fulgenti splendent auro, atque argento.
Candet ebur soliis; collucent pocula mensis;
Tota domus gaudet regali splendida gaza.
Pulvinar vero Divae geniale locatur
Sedibus in mediis, Indo quod dente politum
Tincta tegit roseo conchylis purpura fuco.

Salut, héros nés dans de plus heureux temps ! Salut, race des immortels ! et vous, leur bonne mère ! je vous invoquerai souvent dans mes chants. Toi surtout, l'honneur de la Thessalie, Pélée, dont une alliance si fortunée vint encore rehausser la gloire, toi à qui le père des dieux, Jupiter lui-même, céda l'objet de ses amours ! Ainsi donc Thétis, la plus belle des nymphes de Neptune, t'a reçu dans ses bras ? Ainsi donc ses aïeux, Téthys et son époux, l'Océan, dont l'humide ceinture embrasse l'univers, t'ont jugé digne d'une telle alliance ?

Les temps sont écoulés, il luit enfin ce jour si ardemment désiré ; et toute la Thessalie s'est rassemblée dans la demeure des illustres époux. Une foule joyeuse inonde le palais ; tous apportent leurs dons, l'allégresse est peinte sur tous les visages. Scyros est déserte, la riante Tempé, les murs de Cranon, les remparts de Larisse sont veufs de leurs habitans : tous accourent à Pharsale ; Pharsale est le rendez-vous de toute la Grèce. Les champs restent sans culture ; libre du joug, le taureau s'amollit dans le repos ; le râteau recourbé ne purge plus la vigne rampante des herbes qui l'étouffent ; penché sur sa charrue, le laboureur ne retourne plus la glèbe ; la faux de l'élagueur n'émonde plus le feuillage des arbres ; et le soc inactif se couvre d'une honteuse rouille.

Cependant le palais du roi, dans toute la profondeur de ses vastes salles, resplendit au loin de l'éclat de l'or et de l'argent. Les siéges sont incrustés de l'ivoire le plus pur ; sur les tables brillent des vases précieux : tout dans cette splendide demeure réjouit les yeux par une pompe vraiment royale. Au centre des appartemens s'élève le lit nuptial de la déesse, la dent de l'éléphant en a fourni

Hæc vestis, priscis hominum variata figuris,
Heroum mira virtutes indicat arte.

NAMQUE fluentisono prospectans litore Diæ
Thesea cedentem celeri cum classe tuetur
Indomitos in corde gerens Ariadna furores :
Necdum etiam sese, quæ visit, visere credit;
Utpote fallaci quæ tum primum excita somno
Desertam in sola miseram se cernit arena.
Immemor at juvenis fugiens pellit vada remis,
Irrita ventosæ linquens promissa procellæ.
Quem procul ex alga mœstis Minois ocellis,
Saxea ut effigies bacchantis prospicit Evoe;
Prospicit, et magnis curarum fluctuat undis,
Non flavo retinens subtilem vertice mitram,
Non contecta levi velatum pectus amictu,
Non tereti strophio luctantes vincta papillas;
Omnia quæ toto delapsa e corpore passim
Ipsius ante pedes fluctus salis alludebant.
Sed neque tum mitræ, neque tum fluitantis amictus
Illa vicem curans, toto ex te pectore, Theseu,
Toto animo, tota pendebat perdita mente.

AH misera! assiduis quam luctibus externavit
Spinosas Erycina serens in pectore curas
Illa tempestate, ferox quo tempore Theseus,
Egressus curvis e litoribus Piræi,
Attigit injusti regis Gortynia tecta.
Nam perhibent olim crudeli peste coactam
Androgeoneæ pœnas exsolvere cædis,

les supports, et la pourpre de Tyr l'entoure d'élégantes draperies; l'art y broda avec une merveilleuse adresse mille groupes divers, les hommes des anciens âges et les hauts faits des héros.

On y voit Ariane, le cœur gros des fureurs d'un amour indomptable, qui, des rivages bruyans de Naxos, regarde s'éloigner les rapides vaisseaux de Thésée. Elle les voit; mais à peine échappée aux trompeuses douceurs du sommeil, et seule, abandonnée sur une plage déserte, l'infortunée ne peut en croire ses yeux. Cependant son ingrat amant fend les flots à force de rames; il fuit, et les vents emportent ses vaines promesses. Les yeux baignés de larmes, mais immobile, comme la statue de marbre d'une Bacchante, elle voit le parjure, elle le voit; et son esprit incertain flotte au gré de mille sentimens opposés. Plus de réseau qui captive les tresses de ses blonds cheveux; plus de voile qui couvre son sein; plus d'écharpe qui retienne sa gorge haletante. Elle s'est dépouillée de tous ses ornemens, ils sont tombés à ses pieds; et les flots de la mer se jouent de ces vaines parures. Et que lui font et son réseau d'or et ses vêtemens qui flottent au gré des ondes; dans son délire, c'est Thésée qui remplit toute son âme, Thésée qui absorbe toutes ses pensées, Thésée qu'appellent tous ses vœux.

Malheureuse! à quel deuil éternel, à quels soucis cuisans t'a condamnée Vénus, depuis le jour où, parti des rivages du Pirée, l'intrépide Thésée entra dans le palais de l'injuste roi de Crète! Car on raconte que, ravagée par une peste cruelle, Athènes, pour expier le meurtre d'Androgée, fut forcée de livrer en tribut l'élite de ses jeunes gens et la fleur de ses vierges

Electos juvenes simul et decus innuptarum
Cecropiam solitam esse dapem dare Minotauro :
Quîs angusta malis quum mœnia vexarentur,
Ipse suum Theseus pro caris corpus Athenis
Projicere optavit potius, quam talia Cretam
Funera Cecropiæ ne funera portarentur.
Atque ita nave levi nitens, ac lenibus auris,
Magnanimum ad Minoa venit, sedesque superbas.
Hunc simul ac cupido conspexit lumine virgo
Regia, quam suaves exspirans castus odores
Lectulus in molli complexu matris alebat :
Quales Eurotæ progignunt flumina myrtos,
Auraye distinctos educit verna colores :
Non prius ex illo flagrantia declinavit
Lumina, quam cuncto concepit pectore flammam
Funditus, atque imis exarsit tota medullis,
Heu ! misere exagitans immiti corde furores.

Sancte puer, curis hominum qui gaudia misces,
Quæque regis Golgos, quæque Idalium frondosum,
Qualibus incensam jactastis mente puellam
Fluctibus, in flavo sæpe hospite suspirantem !
Quantos illa tulit languenti corde timores !
Quantum sæpe magis fulgore expalluit auri,
Quum sævum cupiens contra contendere monstrum,
Aut mortem oppeteret Theseus, aut præmia laudis.
Non ingrata, tamen frustra, munuscula Divis
Promittens, tacito suspendit vota labello.

pour servir de pâture journalière au Minotaure. Voyant les remparts d'Athènes naissante dépeuplés par ce fléau, Thésée préféra se sacrifier lui-même pour sa chère patrie, plutôt que de laisser la ville de Cécrops porter à la Crète ces victimes humaines. Bientôt, porté sur un léger navire, et secondé par des vents propices, il aborde au palais de l'orgueilleux Minos.

Il paraît, et la princesse le contemple d'un œil avide. Une chaste retraite, exhalant de suaves parfums, l'avait vue jusqu'alors s'élever doucement sur le sein de sa mère : tel croît un myrte sur les bords du limpide Eurotas; tels, au souffle du printemps, les prés s'émaillent de mille fleurs. Elle n'a point encore détaché du jeune héros ses brûlans regards, que déjà, circulant de veine en veine, un feu subtil embrase tous ses sens et pénètre jusqu'au fond de son cœur; hélas! l'infortunée attise elle-même la flamme cruelle qui la consume!

Enfant redoutable, qui mêles tant de soucis aux plaisirs des mortels, et toi sa mère, reine de Chypre et de l'ombreuse Idalie, dans quel torrent d'inquiétudes avez-vous plongé cette vierge passionnée qui soupire si souvent à la vue du bel étranger! Que de craintes agitent son cœur souffrant! Que de fois une pâleur mortelle a couvert son visage, lorsque, brûlant de combattre le cruel Minotaure, Thésée courait affronter la mort, ou cueillir la palme du courage! Hélas! quoique agréables aux dieux, elles seront vaines pour son bonheur, les offrandes qu'elle leur promet, et les vœux secrets que la pudeur suspend à ses lèvres tremblantes!

Nam velut in summo quatientem brachia Tauro
Quercum, aut conigeram sudanti corpore pinum,
Indomitus turbo contorquens flamine robur
Eruit : illa procul radicibus exturbata
Prona cadit, lateque et cominus obvia frangens :
Sic domito sævum prostravit corpore Theseus
Nequicquam vanis jactantem cornua ventis.
Inde pedem sospes multa cum laude reflexit,
Errabunda regens tenui vestigia filo,
Ne labyrintheis e flexibus egredientem
Tecti frustraretur inobservabilis error.
Sed quid ego, a primo digressus carmine, plura
Commemorem? ut linquens genitoris filia vultum,
Ut consanguineæ complexum, ut denique matris
[Quæ misera in gnata flevit deperdita], læta
Omnibus his Thesei dulcem præoptarit amorem?
Aut ut vecta ratis spumosa ad litora Diæ?
Aut ut eam tristi devinctam lumina somno
Liquerit immemori discedens pectore conjux?
Sæpe illam perhibent ardenti corde furentem
Clarisonas imo fudisse e pectore voces,
Ac tum præruptos tristem conscendere montes,
Unde aciem in pelagi vastos protenderet æstus :
Tum tremuli salis adversas procurrere in undas
Mollia nudatæ tollentem tegmina suræ :
Atque hæc extremis mœstam dixisse querelis,
Frigidulos udo singultus ore cientem :

« Siccine me patriis avectam, perfide, ab oris,

Tel, lorsque l'ouragan de son souffle indompté ébranle, arrache le chêne robuste ou le pin résineux qui battent de leurs longs rameaux la cime du Taurus ; l'arbre déraciné chancelle, tombe, et dans sa chute brise au loin tout ce qu'il rencontre : ainsi Thésée dompte et terrasse le monstre féroce qui frappe en vain les airs de sa corne impuissante. Alors, échappé au danger, le héros couvert de gloire s'éloigne de ces lieux ; un fil imperceptible guide ses pas errans : sans son aide il n'eût pu sortir du labyrinthe et démêler les obscurs détours de ce dédale inextricable.

Mais pourquoi, m'éloignant du sujet que je chante, me livrer plus long-temps à de pareils écarts? Dirai-je comment, joyeuse de se dérober aux regards d'un père, aux baisers d'une sœur, à l'amour d'une mère, qui, dans son désespoir, pleura long-temps la fuite de sa fille, Ariadne, à toute sa famille, préféra les douceurs de l'amour de Thésée? comment un vaisseau la transporta sur les rives écumeuses de Naxos? comment, profitant du triste sommeil qui enchaînait ses sens, un ingrat époux l'abandonna dans cette île et s'éloigna sans remords? Souvent, dit-on, son ardente fureur s'exhala en cris aigus, échappés du fond de son âme : tantôt, inconsolable, elle gravit les monts les plus escarpés et promène au loin ses regards sur l'immensité des mers ; tantôt, dépouillant ses riches brodequins, elle lutte, les jambes nues, contre les vagues frémissantes. Telles furent les dernières paroles qui s'échappèrent de ses lèvres glacées à travers les sanglots qui soulevaient son sein baigné de larmes :

« Ainsi donc, perfide Thésée, après m'avoir enlevée

Perfide, deserto liquisti in litore, Theseu?
Siccine discedens, neglecto numine Divum,
Immemor ah! devota domum perjuria portas?
Nullane res potuit crudelis flectere mentis
Consilium? tibi nulla fuit clementia præsto,
Immite ut nostri vellet mitescere pectus?
At non hæc quondam nobis promissa dedisti
Voce: mihi non hoc miseræ sperare jubebas:
Sed connubia læta, sed optatos hymenæos;
Quæ cuncta aerii discerpunt irrita venti.
Jamjam nulla viro juranti fœmina credat,
Nulla viri speret sermones esse fideles:
Qui, dum aliquid cupiens animus prægestit apisci,
Nil metuunt jurare, nihil promittere parcunt:
Sed simul ac cupidæ mentis satiata libido est,
Dicta nihil metuere, nihil perjuria curant.

« CERTE ego te in medio versantem turbine leti
Eripui, et potius germanum amittere crevi,
Quam tibi fallaci supremo in tempore deessem.
Pro quo dilaceranda feris dabor alitibusque
Præda, neque injecta tumulabor mortua terra.
Quænam te genuit sola sub rupe leæna?
Quod mare conceptum spumantibus exspuit undis?
Quæ Syrtis, quæ Scylla vorax, quæ vasta Charybdis,
Talia qui reddis pro dulci præmia vita?
Si tibi non cordi fuerant connubia nostra,
Sæva quod horrebas prisci præcepta parentis;
Attamen in vestras potuisti ducere sedes,
Quæ tibi jucundo famularer serva labore,
Candida permulcens liquidis vestigia lymphis,

du palais de mon père, tu m'abandonnes sur cette plage déserte? Ainsi donc, au mépris de la divinité, tu t'éloignes oubliant tous tes sermens, tu retournes dans ta patrie, chargé du poids d'un parjure? Rien n'a donc pu te détourner de ce cruel dessein ? Barbare ! nulle pitié n'a donc pu toucher ton cœur impitoyable ! Sont-ce là les promesses que ta bouche m'a faites, l'espoir dont tu berçais ta malheureuse amante, quand tu m'entretenais de nos joyeuses noces, de cet hymen objet de tous mes vœux ? frivoles promesses, vain espoir qu'ont emportés les vents! Quelle femme désormais pourra croire aux promesses d'un amant, pourra compter sur la fidélité de sa parole? sexe trompeur! Quand ils sont embrasés des feux du désir, sermens, promesses, rien ne leur coûte, rien ne les arrête : mais leur passion une fois satisfaite, ils oublient tout, et le parjure même n'est qu'un jeu pour eux.

« Et pourtant, c'est moi qui t'ai sauvé, lorsque tu courais à une mort certaine, moi qui ai sacrifié mon propre frère, plutôt que d'abandonner un perfide en ce moment suprême. Et pour prix de tant d'amour, tu me livres à la merci des bêtes féroces, des oiseaux de proie : je vais mourir sans qu'un peu de terre recouvre mes restes abandonnés! Quelle lionne t'a engendré dans son antre solitaire? Quel monstre des mers t'a vomi parmi des flots d'écume? sont-ce les Syrtes ou la dévorante Scylla, ou l'insatiable Charybde qui t'ont donné l'être, toi qui me paies ainsi d'avoir sauvé tes jours? Si les ordres rigoureux de ton vieux père, si la crainte de lui déplaire éloignaient ton cœur de cet hymen, ne pouvais-tu, du moins, me conduire dans ta patrie? esclave soumise, il m'eût été doux de te servir, de laver tes pieds blancs

Purpureave tuum consternens veste cubile.

« Sed quid ego ignaris nequicquam conqueror auris,
Externata malo? quæ nullis sensibus auctæ
Nec missas audire queunt, nec reddere voces.
Ille autem prope jam mediis versatur in undis,
Nec quisquam adparet vacua mortalis in alga.
Sic nimis insultans extremo tempore sæva
Fors etiam nostris invidit questibus aures.
Juppiter omnipotens, utinam ne tempore primo
Gnosia Cecropiæ tetigissent litora puppes;
Indomito nec dira ferens stipendia tauro
Perfidus in Cretam religasset navita funem :
Nec malus hic, celans dulci crudelia forma
Consilia, in nostris requiesset sedibus hospes!
Nam quo me referam? quali spe perdita nitar?
Idomeniosne petam montes? at gurgite lato
Discernens ponti truculentum dividit æquor.
An patris auxilium sperem, quemne ipsa reliqui,
Respersum juvenem fraterna cæde sequuta?
Conjugis an fido consoler memet amore,
Quine fugit lentos incurvans gurgite remos?
Præterea litus, nullo sola insula tecto :
Nec patet egressus, pelagi cingentibus undis.
Nulla fugæ ratio, nulla spes : omnia muta,
Omnia sunt deserta : ostentant omnia letum.
Non tamen ante mihi languescent lumina morte,
Nec prius a fesso secedent corpore sensus,
Quam justam a Divis exposcam prodita multam,
Cœlestumque fidem postrema comprecer hora.

dans une eau limpide, de couvrir ton lit de tapis de pourpre.

« Mais pourquoi, malheureuse, dans ton égarement, fatiguer les airs de tes plaintes inutiles ? insensibles à tes cris, les airs ne peuvent ni t'entendre ni te répondre. Lui cependant, il vogue déjà en pleine mer, et nul mortel ne s'offre à mes yeux sur ce rivage désert. Que dis-je ? en ce moment funeste le sort barbare insultant à mes maux me refuse la consolation d'épancher mes douleurs dans une oreille amie. Puissant Jupiter ! plût au ciel que jamais un navire athénien n'eût touché les remparts de Gnosse ! Que jamais un perfide nautonier, apportant au terrible Minotaure un cruel tribut, n'eût jeté l'ancre sur les rives de la Crète ! Que jamais, cachant un cœur barbare sous les dehors les plus doux, un perfide étranger n'eût obtenu de nous l'hospitalité ! Où fuir désormais ? Quel espoir me reste-t-il dans mon malheur ? Regagnerai-je les monts de la Crète ? mais la vaste étendue d'une mer orageuse me sépare de ses bords. Puis-je compter encore sur les secours d'un père ? mais je l'ai quitté pour suivre un criminel teint du sang de mon frère ? Trouverai-je du moins des consolations dans l'amour d'un époux fidèle ? mais il fuit, accusant la lenteur de ses rames. Seule, sur ce rivage, sans abri dans cette île, sans moyens d'en sortir, les ondes m'environnent de toutes parts. Nul moyen, nul espoir de salut : tout est muet autour de moi ; partout la solitude, partout la mort !... Mais avant que le trépas ferme mes yeux à la lumière, avant que le sentiment abandonne mon corps épuisé ; à mon heure dernière, j'invoquerai le ciel, j'implorerai des dieux le juste châtiment du parjure qui me trahit. Vous dont le fouet vengeur punit les crimes des

Quare facta virum multantes vindice pœna,
Eumenides, quibus anguineo redimita capillo
Frons exspirantes præportat pectoris iras,
Huc huc adventate, meas audite querelas,
Quas ego, væ miseræ! extremis proferre medullis
Cogor inops, ardens, amenti cæca furore.
Quæ quoniam vere nascuntur pectore ab imo,
Vos nolite pati nostrum vanescere luctum;
Sed quali solam Theseus me mente reliquit,
Tali mente, Deæ, funestet seque suosque. »

Has postquam mœsto profudit pectore voces,
Supplicium sævis exposcens anxia factis;
Annuit invicto cœlestum numine rector,
Quo tunc et tellus, atque horrida contremuerunt
Æquora, concussitque micantia sidera mundus.
Ipse autem cæca mentem caligine Theseus
Consitus, oblito dimisit pectore cuncta,
Quæ mandata prius constanti mente tenebat:
Dulcia nec mœsto sustollens signa parenti,
Sospitem Erechtheum se ostendit visere portum.
Namque ferunt, olim classi quum mœnia Divæ
Linquentem gnatum ventis concrederet Ægeus,
Talia complexum juveni mandata dedisse:

« Gnate, mihi longa jucundior unice vita,
Gnate, ego quem in dubios cogor dimittere casus,
Reddite in extremæ nuper mihi fine senectæ,
Quandoquidem fortuna mea, ac tua fervida virtus
Eripit invito mihi te, quoi languida nondum
Lumina sunt gnati cara saturata figura;

mortels, Euménides, vous dont la tête est hérissée de serpens ; vous qui portez empreint sur votre front le courroux qui brûle dans vos âmes ; venez, accourez, Euménides, prêtez l'oreille à mes plaintes ; à ces plaintes que, dans mon malheur, le désespoir, l'amour, la démence et sa fureur aveugle, arrachent du fond de mon cœur. Et s'il est vrai qu'elles partent d'une âme profondément ulcérée, ne souffrez pas que mes imprécations restent sans effet. Faites, infernales déesses, que l'oubli dans lequel Thésée m'abandonne retombe sur lui, et porte le deuil dans sa famille. »

Ces vœux, que proféra la triste Ariadne, appelant sur la tête d'un perfide le châtiment de sa cruauté, ces vœux furent entendus du souverain maître de l'Olympe. Au signe de sa tête, la terre trembla, l'onde mugit ; et le ciel agita ses flambeaux étincelans. Soudain, un épais nuage aveugle l'esprit de Thésée, sa mémoire s'efface, il oublie tout, même les ordres paternels, jusqu'alors toujours présens à sa pensée : il néglige d'élever au sommet de ses mâts le signal heureux qui doit rassurer son père alarmé, et lui apprendre que son fils rentre victorieux au port d'Érechthée. Car on dit qu'au moment où la flotte de Thésée quittait les murs de Pallas, avant de livrer son fils aux caprices des vents, Égée, en le pressant sur son cœur, lui adressa ces dernières recommandations :

« O mon fils, toi qui, seul, m'es plus cher qu'une longue existence, mon fils ! toi qu'il me faut livrer à tant de hasards, toi qui viens à peine de m'être rendu pour être l'appui de mes vieux jours ! puisque le sort contraire et ton bouillant courage t'enlèvent à un père désolé, dont les yeux affaiblis par l'âge n'ont pas encore

Non ego te gaudens lætanti pectore mittam,
Nec te ferre sinam Fortunæ signa secundæ;
Sed primum multas expromam mente querelas,
Canitiem terra, atque infuso pulvere fœdans;
Inde infecta vago suspendam lintea malo,
Nostros ut luctus, nostræque incendia mentis,
Carbasus obscura dicat ferrugine Hibera.
Quod tibi si sancti concesserit incola Itoni,
(Quæ nostrum genus, ac sedes defendere freto
Annuit), ut tauri respergas sanguine dextram;
Tum vero facito, ut memori tibi condita corde
Hæc vigeant mandata, nec ulla obliteret ætas;
Ut, simul ac nostros invisent lumina colles,
Funestam antennæ deponant undique vestem,
Candidaque intorti sustollant vela rudentes,
Lucida qua splendent summi carchesia mali;
Quamprimum cernens ut læta gaudia mente
Agnoscam, quum te reducem ætas prospera sistet. »

Hæc mandata prius constanti mente tenentem
Thesea, ceu pulsæ ventorum flamine nubes
Aerium nivei montis liquere cacumen.
At pater, ut summa prospectum ex arce petebat,
Anxia in assiduos absumens lumina fletus,
Quum primum inflati conspexit lintea veli,
Præcipitem sese scopulorum e vertice jecit,
Amissum credens immiti Thesea fato.
Sic funesta domus ingressus tecta paterna
Morte ferox Theseus, qualem Minoidi luctum
Obtulerat mente immemori, talem ipse recepit.

pu se rassasier de ta vue chérie : en te quittant, mon cœur ne partage point la joie qui t'anime ; et je ne souffrirai pas que tu arbores le signal d'une victoire encore douteuse. Laisse-moi d'abord exhaler mes douloureux regrets, et souiller de poussière mes cheveux blancs. Que de noires banderoles flottent suspendues aux mâts de ton vaisseau, et que tes voiles, par leur sombre couleur, montrent à tous les yeux et mon deuil et mon désespoir. Si la déesse d'Itone, qui semble sourire à tes nobles efforts pour sauver notre race et cet empire, si Minerve réserve à ton bras la gloire de verser le sang du Minotaure, grave profondément dans ta mémoire ces ordres que rien ne doit jamais en effacer. Dès que les coteaux de l'Attique frapperont tes regards, souviens-toi de dépouiller les antennes de ces lugubres signaux, et que les câbles noueux hissent à leur place des voiles blanches qui, suspendues au sommet de tes mâts, m'annoncent de loin, par leur joyeux éclat, et le retour de mon fils et l'heureux succès de son entreprise. »

Ces instructions, dont Thésée jusqu'alors avait constamment gardé le souvenir, s'effacent alors de sa mémoire, aussi rapidement que les nuages chassés par les vents s'éloignent du sommet glacé des montagnes. Cependant son père, du haut de la citadelle, cherche au loin, sur les flots, les traces de son fils ; et ses yeux fatigués s'éteignent dans les larmes. A peine a-t-il aperçu la voile funeste qui se gonfle au gré des vents, que, croyant son fils moissonné par un cruel destin, il se précipite du haut des rochers. Ainsi, l'impitoyable Thésée, en rentrant dans son palais, que la mort de son père a déjà rempli de deuil, éprouve à son tour les maux qu'il a causés par sa coupable

Quæ tum prospectans cedentem mœsta carinam,
Multiplices animo volvebat saucia curas.

At parte ex alia florens volitabat Iacchus,
Cum Thiaso Satyrorum, et Nysigenis Silenis,
Te quærens, Ariadna, tuoque incensus amore;
Qui tum alacres passim lymphata mente furebant,
Evoe bacchantes, evoe, capita inflectentes.
Horum pars tecta quatiebant cuspide thyrsos;
Pars e divulso raptabant membra juvenco;
Pars sese tortis serpentibus incingebant;
Pars obscura cavis celebrabant orgia cistis,
Orgia, quæ frustra cupiunt audire profani;
Plangebant alii proceris tympana palmis,
Aut tereti tenues tinnitus ære ciebant.
Multis raucisonos efflabant cornua bombos,
Barbaraque horribili stridebat tibia cantu.

Talibus amplifice vestis decorata figuris
Pulvinar complexa suo velabat amictu.
Quæ postquam cupide spectando Thessala pubes
Expleta est, sanctis cœpit decedere Divis.
Hic qualis flatu placidum mare matutino
Horrificans Zephyrus proclivas incitat undas,
Aurora exoriente, vagi sub lumina solis;
Quæ tarde primum clementi flamine pulsæ
Procedunt, leni resonant plangore cachinni;
Post, vento crescente, magis magis increbescunt,
Purpureaque procul nantes a luce refulgent;
Sic tum vestibuli linquentes regia tecta,
Ad se quisque vago passim pede discedebant.

ingratitude à la fille de Minos, lorsque cette malheureuse princesse, voyant fuir sur les flots le vaisseau du perfide, roulait dans son esprit mille sombres pensées.

Sur une autre partie de la tapisserie on voyait Bacchus, brillant d'une éternelle jeunesse, voltiger au milieu d'un chœur de Satyres et de Silènes. Il te cherche, Ariadne, car son cœur brûle d'amour pour toi. Les Bacchantes, ivres d'un saint délire, courent de tous côtés chantant : Evoë ! Evoë ! et bondissent en secouant leurs têtes. Les unes agitent des thyrses ornés de lierre ; les autres arrachent les membres palpitans d'un jeune taureau ; celles-ci ceignent leurs corps de serpens entrelacés ; celles-là, portant les corbeilles mystiques, célèbrent les orgies dont la vue est interdite aux profanes. Ici, le tambourin résonne sous la main qui le frappe ; là, l'airain poli des cymbales rend un son clair et perçant. Plusieurs soufflent dans des cornets enroués, ou tirent de barbares accords du fifre glapissant.

Telles étaient les figures diverses représentées sur les tapisseries magnifiques qui entouraient le lit de Téthys. Après les avoir long-temps contemplées d'un regard curieux, la jeunesse thessalienne s'éloigna peu à peu des divins époux. Comme au lever de l'aurore, quand l'astre du jour ne répand encore qu'une vague clarté, on voit le souffle matinal du Zéphyr rider la surface unie des flots ; d'abord, mollement agitée par sa douce haleine, l'onde se déroule lentement, et ne fait entendre qu'un léger gazouillement ; mais bientôt le vent augmente, les vagues s'enflent de plus en plus, et réfléchissent, en s'éloignant, les teintes pourprées qui les colorent : telle, cette foule immense s'éloigne du royal péristyle, et, regagnant ses demeures, se disperse de tous côtés.

Quorum post abitum, princeps e vertice Pelii
Advenit Chiron portans silvestria dona.
Nam quotcunque ferunt campi, quos Thessala magnis
Montibus ora creat, quos propter fluminis undas
Aura parit flores tepidi foecunda Favoni,
Hos indistinctis plexos tulit ipse corollis,
Queis permulsa domus jucundo risit odore.
Confestim Peneos adest, viridantia Tempe,
Tempe, quæ silvæ cingunt superimpendentes,
Mnemonidum, linquens, doctis celebranda choreis,
Non vacuus: namque ille tulit radicitus altas
Fagos, ac recto proceras stipite laurus,
Non sine nutanti platano, lentaque sorore
Flammati Phaethontis, et aeria cupressu;
Hæc circum sedes late contexta locavit,
Vestibulum ut molli velatum fronde vireret.

Post hunc consequitur solerti corde Prometheus,
Extenuata gerens veteris vestigia poenæ;
Quam quondam silici restrictus membra catena
Persolvit, pendens e verticibus præruptis.
Inde pater Divum, sancta cum conjuge, natisque
Advenit coelo, te solum, Phoebe, relinquens,
Unigenamque simul cultricem montibus Idri;
Pelea nam tecum pariter soror aspernata est,
Nec Thetidis tædas voluit celebrare jugales.

Qui postquam niveis flexerunt sedibus artus,
Large multiplici constructæ sunt dape mensæ;
Quum interea infirmo quatientes corpora motu,

Après leur départ, le premier qui se présente, c'est le Centaure Chiron, qui, descendu des sommets du Pélion, apporte de champêtres offrandes. Toutes les fleurs que produisent les champs, toutes celles qui croissent sur les hautes montagnes de la Thessalie, toutes celles que la tiède haleine du Zéphyr fait éclore sur la rive des fleuves; il a tout moissonné; et ses guirlandes, tressées sans art, embaument au loin le palais de leurs suaves parfums. Soudain Pénée accourt; il a quitté la verte Tempé, Tempé que couronnent les forêts suspendues à sa cime, Tempé à jamais célèbre par les doctes chants des filles de Mnémosyne. Il ne se présente pas les mains vides : il apporte pour don des hêtres avec leurs racines, de grands lauriers à la tige élancée, sans oublier le platane flexible, le peuplier qui rappelle les sœurs de l'imprudent Phaëton, et le cyprès, qui se perd dans la nue : il entrelace leurs feuillages divers à l'entour du palais, et en décore le parvis d'un voile de verdure.

L'ingénieux Prométhée le remplace, il porte encore les cicatrices presque effacées du châtiment qu'il subit jadis, lorsqu'il fut suspendu par une chaîne aux sommets escarpés du Caucase. Enfin, le père des dieux, son auguste épouse et ses divins enfans, descendent de l'Olympe, où ils ne laissent que Phébus et sa sœur jumelle, Diane, qui se plaît sur les montagnes du mont Idris, et qui, comme son frère, dédaignant Pélée, refusa de célébrer avec les autres immortels les noces de la belle Thétis.

Lorsque tous les dieux se furent placés sur des siéges d'ivoire, on dressa devant eux des tables couvertes d'un splendide festin; et les Parques commencèrent leurs

Veridicos Parcæ cœperunt edere cantus.
His corpus tremulum complectens undique quercus,
Candida purpurea quam Tyro incinxerat ora ;
At roseæ niveo residebant vertice vittæ,
Æternumque manus carpebant rite laborem.
Læva colum molli lana retinebat amictum ;
Dextera tum leviter deducens fila supinis
Formabat digitis ; tum prono in pollice torquens
Libratum tereti versabat turbine fusum ;
Atque ita decerpens æquabat semper opus dens,
Laneaque aridulis hærebant morsa labellis,
Quæ prius in levi fuerant exstantia filo.
Ante pedes autem candentis mollia lanæ
Vellera virgati custodibant calathisci.
Hæ tum clarisona pellentes vellera voce,
Talia divino fuderunt carmine fata,
Carmine, perfidiæ quod post nulla arguet ætas :
« O DECUS eximium, magnis virtutibus augens,
Emathiæ tutamen opis, clarissime nato ;
Accipe, quod læta tibi pandunt luce sorores,
Veridicum oraclum : sed vos, quæ fata sequuntur,
Currite, ducentes subtemina, currite, fusi.

« ADVENIET tibi jam portans optata maritis
Hesperus : adveniet fausto cum sidere conjux,
Quæ tibi flexanimo mentem perfundat amore,
Languidulosque paret tecum conjungere somnos,
Levia substernens robusto brachia collo.
Currite, ducentes subtemina, currite, fusi.

« NULLA domus tales unquam contexit amores ;

chants prophétiques, dont les mouvemens de leur tête caduque marquent la cadence. Une robe blanche, ornée de guirlandes de chêne, et que borde la pourpre de Tyr, couvre leurs corps tremblans; de rouges bandelettes ceignent leurs cheveux blancs; et leurs mains travaillent sans cesse à leur interminable tâche : la gauche tient la quenouille chargée d'une laine moelleuse; la droite l'effile et la roule dans les deux premiers doigts, et le pouce imprime au fuseau un mouvement circulaire. Leur dent promenée sur la trame en égalise le tissu, et en arrache une bourre superflue, qui s'attache à leurs lèvres desséchées. A leurs pieds des corbeilles de joncs tressés renferment de blanches toisons. En tournant leurs fuseaux, les déesses, d'une voix sonore, déroulent les destins des nouveaux époux dans un chant prophétique que les siècles futurs n'oseront démentir :

« Honneur de l'Émathie, dont tu augmentes et affermis la splendeur par tes vertus éclatantes; toi, plus illustre encore par le fils qui naîtra de toi; écoute, en ce beau jour, l'oracle infaillible que t'annonce la voix des Parques. Vous qui filez la trame des destins, tournez, tournez, légers fuseaux.

« Bientôt luira pour toi Vesper, Vesper qui couronne les vœux des nouveaux époux : astre propice, il t'amène la jeune épouse qui doit enflammer ton cœur des transports de l'amour, et qui, enlaçant ses beaux bras à ton cou robuste, goûtera près de toi les douces voluptés du sommeil. Tournez, vous qui filez la trame des destins, tournez, tournez, légers fuseaux.

« Jamais toit ne couvrit de si belles amours, jamais

Nullus amor tali conjunxit fœdere amantes;
Qualis adest Thetidi, qualis concordia Peleo.
Currite, ducentes subtemina, currite, fusi.

« Nascetur vobis expers terroris Achilles,
Hostibus haud tergo, sed forti pectore notus;
Qui, persæpe vago victor certamine cursus,
Flammea prævertet celeris vestigia cervæ.
Currite, ducentes subtemina, currite, fusi.

« Non illi quisquam bello se conferet heros,
Quum Phrygii Teucro manabunt sanguine rivi;
Troicaque obsidens longinquo mœnia bello
Perjuri Pelopis vastabit tertius hæres.
Currite, ducentes subtemina, currite, fusi.

« Illius egregias virtutes, claraque facta
Sæpe fatebuntur gnatorum in funere matres;
Quum in cinerem canos solvent a vertice crines,
Putridaque infirmis variabunt pectora palmis.
Currite, ducentes subtemina, currite, fusi.

« Namque, velut densas prosternens cultor aristas,
Sole sub ardenti flaventia demetit arva,
Trojugenum infesto prosternet corpora ferro.
Currite, ducentes subtemina, currite, fusi.

« Testis erit magnis virtutibus unda Scamandri,
Quæ passim rapido diffunditur Hellesponto;
Quojus iter cæsis angustans corporum acervis,
Alta tepefaciet permixta flumina cæde.
Currite, ducentes subtemina, currite, fusi.

l'hymen n'enchaîna deux amans par d'aussi beaux nœuds que ceux qui unissent Thétis à Pélée. Tournez, vous qui filez la trame des destins, tournez, tournez, légers fuseaux.

« De vous doit naître Achille, Achille étranger à la crainte, et dont l'ennemi ne verra jamais que la mâle poitrine; Achille, qui toujours vainqueur au combat de la course, devancera les pas de la biche rapide. Tournez, vous qui filez la trame des destins, tournez, tournez, légers fuseaux.

« Nul héros n'osera se mesurer avec lui dans cette guerre où le sang des Troyens rougira les fleuves de la Phrygie; quand le troisième héritier du parjure Pélops, après un siège de dix ans, renversera les remparts de Troie. Tournez, vous qui filez la trame des destins, tournez, tournez, légers fuseaux.

« Que de fois elles attesteront son courage indomptable et ses brillans exploits, ces mères qui, pleurant leurs fils immolés par lui, souilleront de poussière leurs cheveux blancs et meurtriront leur sein d'une main défaillante. Tournez, vous qui filez la trame des destins, tournez, tournez, légers fuseaux.

« Tel qu'on voit sous la faux du moissonneur tomber les javelles dorées par un soleil ardent; tels, sous le tranchant de son glaive fatal, tomberont les guerriers troyens. Tournez, vous qui filez la trame des destins, tournez, tournez, légers fuseaux.

« Témoin de ses hauts faits, le Scamandre, qui porte à l'Héllespont le tribut de ses ondes rapides, verra son cours rétréci par des monceaux de cadavres, et les flots de sang versés par Achille tiédiront ses froides eaux. Tournez, vous qui filez la trame des destins, tournez, tournez, légers fuseaux.

« Denique testis erit morti quoque dedita præda;
Quum teres excelso coacervatum aggere bustum
Excipiet niveos perculsæ virginis artus.
Currite, ducentes subtemina, currite, fusi.
« Nam simul ac fessis dederit fors copiam Achivis
Urbis Dardaniæ Neptunia solvere vincla;
Alta Polyxenia madefient cæde sepulcra;
Quæ, velut ancipiti succumbens victima ferro,
Projiciet truncum submisso poplite corpus.
Currite, ducentes subtemina, currite, fusi.

« Quare agite, optatos animi conjungite amores;
Accipiat conjux felici fœdere Divam;
Dedatur cupido jamdudum nupta marito;
Currite, ducentes subtemina, currite, fusi.

« Non illam nutrix orienti luce revisens,
Hesterno collum poterit circumdare filo.
Currite, ducentes subtemina, currite, fusi.

« Anxia nec mater discordis mœsta puellæ
Secubitu, caros mittet sperare nepotes.
Currite, ducentes subtemina, currite fusi. »

Talia profantes quondam, felicia Pelei
Carmina divino cecinerunt omine Parcæ.
Præsentes namque ante domos invisere castas,
Sæpius et sese mortali ostendere cœtu
Cœlicolæ, nondum spreta pietate, solebant.
Sæpe pater Divum templo in fulgente revisens
Annua quum festis venissent sacra diebus,

« Tu attesteras aussi sa gloire, victime dévouée au trépas, vierge infortunée, toi, dont un vaste bûcher attend les membres délicats. Tournez, vous qui filez la trame des destins, tournez, tournez, légers fuseaux.

« Car, lorsque le destin livrera enfin les murs bâtis par Neptune aux Grecs fatigués de dix années de combats, le sang de Polyxène arrosera la tombe d'un héros. Comme la victime qui tombe sous le fer à deux tranchans; telle, affaissée sur ses genoux, et le corps mutilé, tombera la jeune princesse. Tournez, vous qui filez la trame des destins, tournez, tournez, légers fuseaux.

« Courage donc, jeunes amans, formez des nœuds si désirés. Qu'une heureuse alliance joigne l'époux à sa divine épouse; livrez la jeune vierge aux ardentes caresses de son amant. Tournez, vous qui filez la trame des destins, tournez, tournez, légers fuseaux.

« Demain, au retour de l'aurore, ta nourrice en te revoyant, ne pourra plus ceindre ta gorge avec ton collier de la veille. Tournez, vous qui filez la trame des destins, tournez, tournez, légers fuseaux.

« Jamais ta mère n'aura la douleur de voir sa fille, exilée par la discorde du lit nuptial, lui ravir l'espérance si douce de revivre dans ses petits-fils. Tournez, vous qui filez la trame des destins, tournez, tournez, légers fuseaux. »

C'est ainsi que jadis, dans leurs chants divins, les Parques révélèrent à Pélée ses brillantes destinées. Car, dans ces temps reculés où la piété était encore en honneur, les dieux ne dédaignaient pas de visiter les chastes demeures des mortels, et de se mêler à leurs réunions. Souvent, lorsque l'année ramenait la pompe des fêtes sacrées, le roi des dieux lui-même venait visiter son

Conspexit terra centum procurrere currus.
Sæpe vagus Liber Parnassi vertice summo
Thyadas effusis evantes crinibus egit;
Quum Delphi, tota certatim ex urbe ruentes,
Acciperent læti Divum fumantibus aris.
Sæpe in letifero belli certamine Mavors,
Aut rapidi Tritonis hera, aut Rhamnusia virgo
Armatas hominum est præsens hortata catervas.
Sed postquam tellus scelere est imbuta nefando,
Justitiamque omnes cupida de mente fugarunt;
Perfudere manus fraterno sanguine fratres;
Destitit exstinctos gnatus lugere parentes;
Optavit genitor primævi funera gnati,
Liber ut innuptæ poteretur flore novercæ;
Ignaro mater substernens se impia gnato;
Impia non verita est divos scelerare penates;
Omnia fanda, nefanda, malo permixta furore
Justificam nobis mentem avertere Deorum.
Quare nec tales dignantur visere cœtus,
Nec se contingi patiuntur lumine claro.

LXV.

AD HORTALUM.

Etsi me assiduo confectum cura dolore
    Sevocat a doctis, Hortale, virginibus;
Nec potis est dulces Musarum expromere fœtus
    Mens animi : tantis fluctuat ipsa malis!

temple resplendissant, et contempler cent chars roulans dans la carrière. Souvent, des sommets du Parnasse, Bacchus descendit précédé de la troupe vagabonde des Thyades échevelées; tandis que Delphes tout entière, se précipitant hors de ses murailles, accueillait le dieu avec des transports de joie, et faisait fumer l'encens sur ses autels. Souvent, au milieu des sanglantes mêlées, Mars, la belliqueuse Pallas et la terrible Némésis animaient par leur présence les bataillons armés. Mais, quand une fois le crime eut souillé la terre; quand la cupidité eut banni la justice de tous les cœurs; quand le frère eut trempé sa main dans le sang de son frère; quand le fils eut cessé de pleurer le trépas des auteurs de ses jours; quand le père eut désiré la mort de son premier né, pour être libre de cueillir la fleur d'une jeune épouse; quand une mère impie, abusant l'innocence de son fils, eut outragé par un inceste ses dieux pénates; quand, confondant le sacré et le profane, le coupable délire des mortels eut forcé les dieux à détourner leurs yeux de notre race criminelle ; dès-lors ils ne descendirent plus parmi nous, et se dérobèrent pour toujours à nos profanes regards.

LXV.

A HORTALUS.

Hortalus, la plaie incurable qui me consume, m'enlève au culte des doctes sœurs; et l'état de mon âme me rend incapable de sentir leurs douces inspirations : tant est profonde la douleur qui m'accable! Peu de jours

Namque mei nuper Lethæo gurgite fratris
  Pallidulum manans alluit unda pedem;
Troïa Rhœteo quem subter litore tellus
  Ereptum nostris obterit ex oculis.
Ergo ego te audiero nunquam tua facta loquentem?
  Nunquam ego te, vita frater amabilior,
Adspiciam posthac? At certe semper amabo,
  Semper mœsta tua carmina morte canam;
Qualia sub densis ramorum concinit umbris
  Daulias, absumpti fata gemens Ityli.

Sed tamen in tantis mœroribus, Hortale, mitto
  Hæc expressa tibi carmina Battiadæ;
Ne tua dicta vagis nequicquam credita ventis
  Effluxisse meo forte putes animo;
Ut missum sponsi furtivo munere malum
  Procurrit casto virginis e gremio,
Quod miseræ oblitæ molli sub veste locatum,
  Dum adventu matris prosilit, excutitur,
Atque illud prono præceps agitur decursu;
  Huic manat tristi conscius ore rubor.

LXVI.

DE COMA BERENICES.

Omnia qui magni dispexit lumina mundi,
  Qui stellarum ortus comperit atque obitus;
Flammeus ut rapidi solis nitor obscuretur,
  Ut cedant certis sidera temporibus,

se sont écoulés depuis que les ondes du Léthé baignent les pieds glacés de mon frère; depuis que le sable des rivages de Troie couvre ses restes chéris et le dérobe à mes regards.

O mon frère, n'entendrai-je plus jamais ta douce voix me raconter tes hauts faits? Je ne te verrai plus, ô toi qui m'étais plus cher que la vie! mais, du moins, je t'aimerai toujours, toujours je soupirerai des chants plaintifs sur ta tombe, comme, sous l'ombre épaisse des bocages, Progné gémissante déplore la perte de son cher Itys.

Cependant, Hortalus, bien qu'en proie à de si grands chagrins, je t'envoie ces vers imités du fils de Battus : tu le vois, tes paroles ne sont point sorties de ma mémoire, le souffle léger des vents ne les a point emportées; comme parfois, du sein d'une jeune vierge, à l'aspect imprévu de sa mère, s'échappe la pomme, don furtif d'un amant : oubliant qu'elle l'a cachée sous sa robe, la pauvre enfant tressaille, le fruit délateur tombe, roule à ses pieds, et couvre ses joues d'une indiscrète rougeur.

LXVI.

LA CHEVELURE DE BÉRÉNICE.

Le docte mortel, qui compta tous les flambeaux des cieux, qui calcula le lever et le coucher des étoiles, qui découvrit les causes qui obscurcissent le disque enflammé du soleil, pourquoi les planètes disparaissent à certaines

Ut Triviam furtim sub Latmia saxa relegans,
  Dulcis amor gyro devocet aerio;
Idem me ille Conon cœlesti lumine vidit
  E Bereniceo vertice cæsariem
Fulgentem clare : quam multis illa Deorum,
  Levia protendens brachia, pollicita est;
Qua rex tempestate, novo auctus Hymenæo,
  Vastatum fines 'iverat Assyrios,
Dulcia nocturnæ portans vestigia rixæ,
  Quam de virgineis gesserat exuviis.
Estne novis nuptis odio Venus? anne parentum
  Frustrantur falsis gaudia lacrymulis,
Ubertim thalami quas intra limina fundunt?
  Non, ita me Divi, vera gemunt, juerint.
Id mea me multis docuit regina querelis,
  Invisente novo prœlia torva viro.
Ut tu nunc orbum luxti deserta cubile,
  Et fratris cari flebile discidium!
Quam penitus mœstas exedit cura medullas;
  Ut tibi nunc toto pectore sollicitæ
Sensibus ereptis mens excidit! Atqui ego certe
  Cognoram a parva virgine magnanimam.
Anne bonum oblita es facinus, quo regium adepta es
  Conjugium, quod non fortior ausit alîs?
Sed tum mœsta virum mittens, quæ verba locuta es!
  Jupiter, ut tristi lumina sæpe manu!
Quis te mutavit tantus Deus? an quod amantes
  Non longe a caro corpore abesse volunt?

Atque ibi me cunctis pro dulci conjuge Divis

époques, et comment l'Amour fait descendre Diane des sphères célestes et l'enferme dans la grotte mystérieuse de Latmie ; ce même Conon, par la faveur des dieux, m'a vue, détachée du front de Bérénice, étinceler parmi les astres, moi, cette chevelure que la reine, les bras levés vers les cieux, voua tant de fois aux Immortels, alors que, s'arrachant aux plaisirs d'un hymen récent, et portant encore les douces marques des combats nocturnes qu'il avait livrés à la pudeur, le roi, son époux, allait ravager les frontières de l'Assyrie. O Vénus ! est-il donc vrai que tes plaisirs soient odieux aux jeunes mariées ? ou plutôt, ne sont-elles pas feintes ces larmes abondantes qu'elles versent en entrant au lit nuptial et qui troublent la joie de leurs parens ? Oui, j'en atteste les dieux, ces larmes ne sont qu'une feinte! Ce secret, les plaintes et les soupirs de Bérénice me l'ont révélé, lorsque son époux allait affronter les combats meurtriers.

O combien, sur ta couche solitaire, tu pleuras ton veuvage et l'absence d'un frère adoré! Quel chagrin dévorant rongeait alors ton cœur! En proie aux plus vives inquiétudes, quel délire égarait ton âme! Et pourtant, je t'ai connue si courageuse dès ta plus tendre jeunesse ! As-tu donc oublié cette action héroïque, que les plus grands guerriers auraient à peine osée, et qui te valut et l'hymen et le trône? Mais qu'ils furent tristes, les adieux que tu adressas à ton époux en le quittant! Que de fois, hélas! tu passas sur tes yeux une main baignée de larmes! Quel dieu si puissant a donc ainsi changé ton âme? l'Amour qui ne permet pas à deux amans d'être long-temps éloignés l'un de l'autre.

C'est alors qu'au milieu des taureaux égorgés, tu

Non sine taurino sanguine pollicita es,
Si reditum tetulisset is haud in tempore longo, et
  Captam Asiam Ægypti finibus adjiceret?
Queis ego pro factis coelesti reddita coetu,
  Pristina vota novo munere dissoluo.
Invita, o regina, tuo de vertice cessi,
  Invita: adjuro teque tuumque caput;
Digna ferat, quod si quis inaniter adjurarit.
  Sed qui se ferro postulet esse parem?
Ille quoque eversus mons est, quem maximum in oris
  Progenies Thiæ clara supervehitur;
Quum Medi peperere novum mare, quumque juventus
  Per medium classi barbara navit Athon.
Quid facient crines, quum ferro talia cedant?
  Jupiter, ut Chalybon omne genus pereat;
Et qui principio sub terra quærere venas
  Iustitit, ac ferri frangere duritiem!
Abjunctæ paullo ante comæ mea fata sorores
  Lugebant, quum se Memnonis Æthiopis
Unigena impellens nutantibus aera pennis
  Obtulit Arsinoes Chloridos ales equus.
Isque per ætherias me tollens advolat auras,
  Et Veneris casto conlocat in gremio.
Ipsa suum Zephyritis eo famulum legarat,
  Grata Canopæis incola litoribus.
Scilicet in vario ne solum limite coeli
  Ex Ariadneis aurea temporibus
Fixa corona foret; sed nos quoque fulgeremus
  Devotæ flavi verticis exuviæ.
Uvidulam a fletu, cedentem ad templa Deum, me

me vouas à tous les dieux, pour le salut d'un époux chéri, si bientôt, revenant vainqueur, il ajoutait l'Assyrie captive aux limites de son royaume? Et c'est pour acquitter ces vœux, que la faveur des dieux a couronnés, que maintenant, astre nouveau, je brille à la voûte céleste. Oui, reine, c'est à regret que j'ai quitté ton front; j'en jure par toi-même, par ton auguste tête; et périsse l'ingrat, parjure à un tel serment! Mais qui peut résister au tranchant du fer? C'est par le fer que fut renversé ce mont, le plus grand de tous ceux que le soleil éclaire dans son cours, lorsque les Mèdes créèrent une mer nouvelle, et que les flottes des Barbares s'ouvrirent un passage à travers l'Athos. Si les monts eux-mêmes cèdent au tranchant du fer, que pouvaient contre lui mes boucles fragiles? Maudit soit donc le fer, et le premier qui, dans les entrailles de la terre, alla chercher ce métal homicide et tenta d'en amollir la dureté!.

Vous pleurâtes ma triste destinée, tresses, mes compagnes, vous qui pariez encore le front de Bérénice, lorsque le frère de Memnon, Zéphyre, porté sur ses ailes brillantes, m'aperçut, et, m'enlevant à travers les plaines éthérées, me déposa dans le sein de Vénus. Cette déesse, aimable habitante des rivages de Canope, avait chargé Zéphyre de ce message, pour que la couronne d'Ariadne n'eût pas seule la gloire de briller à la voûte céleste, et que mes tresses blondes, dépouilles vouées aux dieux, étincelassent aussi parmi les astres.

A peine, humide encore des pleurs de Bérénice,

Sidus in antiquis Diva novum posuit.
Virginis, et saevi contingens namque Leonis
  Lumina, Callisto juncta Lycaoniae,
Vertor in occasum, tardum dux ante Booten,
  Qui vix sero alto mergitur Oceano.
Sed quanquam me nocte premunt vestigia Divum,
  Luce autem canae Tethyi restituor;
(Pace tua fari haec liceat, Rhamnusia virgo;
  Namque ego non ullo vera timore tegam;
Non, si me infestis discerpant sidera dictis,
  Condita quin veri pectoris evoluam;)
Non his tam laetor rebus, quam me abfore semper,
  Abfore me a dominae vertice discrucior;
Quicum ego, dum virgo quondam fuit, omnibus expers
  Unguentis, una millia multa bibi.

Nunc vos, optato quas junxit lumine taeda,
  Non prius unanimis corpora conjugibus
Tradite, nudantes rejecta veste papillas,
  Quam jucunda mihi munera libet onyx;
Vester onyx, casto petitis quae jura cubili.
  Sed quae se impuro dedit adulterio,
Illius, ah! mala dona levis bibat inrita pulvis;
  Namque ego ab indignis praemia nulla peto.
Sic magis, o nuptae, semper concordia vestras
  Semper amor sedes incolat assiduus.
Tu vero, regina, tuens quum sidera divam
  Placabis festis luminibus Venerem
Sanguinis expertem, non votis esse tuam me,
  Sed potius largis effice muneribus.

avais-je atteint les célestes demeures, que Vénus me plaça, signe nouveau, parmi les anciennes constellations. Entre la Vierge et le cruel Lion, et près de Callisto, la fille de Lycaon, je guide à l'occident le Bouvier paresseux, qui ne descend que lentement et à regret dans le vaste Océan. Mais quoique, la nuit, les dieux me foulent sous leurs pas, quoique, le jour, Téthys me reçoive dans son sein, nulle crainte ne m'empêchera de dire la vérité (dût Némésis s'en offenser, dussent les astres irrités s'élever contre moi); je te dévoilerai les secrets sentimens de mon cœur : non, quelque brillant que soit le sort dont je jouis, il ne peut me consoler d'être séparée pour toujours du front royal de ma maîtresse ; car, lors même qu'elle n'était encore qu'une jeune vierge, et qu'elle s'abstenait de toute essence, il suffisait, pour m'embaumer, du doux parfum de son haleine.

O vous pour qui s'allume enfin le flambeau d'hyménée, ne vous livrez pas aux caresses d'un ardent époux, ne dévoilez pas à ses yeux les trésors de votre sein, avant que l'albâtre, symbole de votre virginité, n'ait offert les libations qui me sont agréables, vous qui voulez que la chasteté règne dans votre lit nuptial. Mais que l'aride poussière boive l'encens impur de l'épouse adultère; loin de moi les dons offerts par le crime! Ainsi, jeunes épouses, puisse toujours votre demeure être le sanctuaire de la concorde et de l'amour.

Et toi, belle reine ! lorsque, les yeux fixés vers le ciel, tu invoqueras, à la clarté des flambeaux, la divine Vénus dont jamais le sang ne rougit les autels, ce n'est pas seulement par des vœux, mais plutôt par de riches

Sidera cur retinent? utinam coma regia fiam;
  Proximus Hydrochoi fulgeret Oarion.

LXVII.

AD JANUAM MOECHÆ CUJUSDAM.

CATULLUS.

O DULCI jucunda viro, jucunda parenti,
  Salve, teque bona Jupiter auctet ope,
Janua: quam Balbo dicunt servisse benigne
  Olim, quum sedes ipse senex tenuit;
Quamque ferunt rursus voto servisse maligno,
  Postquam est porrecto facta marita sene.
Dic agedum nobis, quare mutata feraris
  In dominum veterem deseruisse fidem.

JANUA.

Non, ita Cæcilio placeam, quoi tradita nunc sum,
  Culpa mea est, quanquam dicitur esse mea.
Nec peccatum a me quisquam pote dicere quidquam;
  Verum isti populo janua quidque facit;
Qui, quacunque aliquid reperitur non bene factum,
  Ad me omnes clamant: Janua, culpa tua est.

CATULLUS.

Non istuc satis est uno te dicere verbo;
  Sed facere, ut quivis sentiat et videat.

offrandes, que tu obtiendras d'elle que je te sois rendue. Pourquoi suis-je exilée parmi les astres? Ah! puissé-je reprendre ma place sur ton front! dût, par mon absence, le Verseau briller plus près d'Orion!

LXVII.

A LA PORTE D'UNE FEMME GALANTE.

CATULLE.

O porte! si complaisante pour l'époux de Clodia et pour son père, salut! que Jupiter te soit en aide! toi qui, dit-on, jadis servis honnêtement le vieux Balbus, lorsqu'il occupait cette maison; mais qui bientôt, favorisant de coupables vœux, livras passage à un nouvel amant après le décès du vieillard. Dis-nous quel motif a pu te changer ainsi, et te rendre infidèle à ton premier maître?

LA PORTE.

Moi, changée! n'en déplaise à Cécilius, mon nouveau propriétaire, je suis innocente des torts que l'on m'impute, et personne n'a rien à me reprocher. Mais à entendre le peuple, c'est toujours la porte qui est coupable; et pour peu qu'il se commette ici une mauvaise action, ce n'est qu'un cri contre moi : C'est ta faute, maudite porte!

CATULLE.

Il ne suffit pas de dire : Ce n'est pas ma faute; il faut en donner des preuves palpables, évidentes.

CATULLI CARMEN LXVII.

JANUA.

Qui possum? nemo quærit, nec scire laborat.

CATULLUS.

Nos volumus : nobis dicere ne dubita.

JANUA.

Primum igitur, virgo quod fertur tradita nobis,
    Falsum est. Non illam vir prior attigerat,
Languidior tenera quoi pendens sicula beta
    Nunquam se mediam sustulit ad tunicam;
Sed pater illius nati violasse cubile
    Dicitur, et miseram conscelerasse domum ;
Sive quod impia mens cæco flagrabat amore,
    Seu quod iners sterili semine natus erat.
Et quærendum unde unde foret nervosius illud,
    Quod posset zonam solvere virgineam.

CATULLUS.

Egregium narras mira pietate parentem,
    Qui ipse sui gnati minxerit in gremium.

JANUA.

Atqui non solum hoc se dicit cognitum habere
    Brixia, Cycnææ supposita speculæ,
Flavus quam molli percurrit flumine Mela,
    Brixia, Veronæ mater amata meæ;
Sed de Posthumio, et Corneli narrat amore,
    Cum quibus illa malum fecit adulterium
Dixerit hic aliquis : Qui tu isthæc, janua, nosti,
    Quoi nunquam domini limine abesse licet,
Nec populum auscultare : sed huic suffixa tigillo

LA PORTE.

Des preuves! comment puis-je en donner? Personne ne m'en demande et ne se soucie de savoir la vérité.

CATULLE.

Moi, je veux l'apprendre de toi; parle sans hésiter.

LA PORTE.

Sachez d'abord que celle qui, dit-on, était vierge lorsqu'elle franchit mon seuil, ne l'était pas : son mari n'avait pas eu ses prémices (le pauvre homme, son dard émoussé n'a jamais soulevé sa tunique); mais ce fut, dit-on, son propre père qui souilla la couche nuptiale, et déshonora la maison de son fils; soit qu'il brûlât d'un amour incestueux, soit que son fils, incapable de tout acte viril, fût obligé de chercher ailleurs un suppléant vigoureux pour dénouer la ceinture virginale.

CATULLE.

Quel excès de tendresse paternelle! se sacrifier ainsi pour son fils!

LA PORTE.

Oh! ce n'est pas tout, et Brescia en sait bien davantage; Brescia que domine la colline de Cygneo, et que baigne le Mela dans son cours paisible, Brescia, dont ma chère Vérone tire son origine, parle encore des amours d'un Posthumius et d'un Cornelius, qui eurent aussi part aux faveurs adultères de la belle. Mais peut-être dira-t-on : Porte, ma mie, comment sais-tu tout cela, toi qui ne peux jamais, par ta nature, quitter le seuil de ton maître; mais qui, fixée à ton chambranle, bornes ton ministère à ouvrir ou fermer la maison, et qui ne

Tantum operire soles, aut aperire domum?
Sæpe illam audivi furtiva voce loquentem
  Solam cum ancillis hæc sua flagitia,
Nomine dicentem, quos diximus: utpote quæ mî
  Speraret nec linguam esse, nec auriculam.
Præterea addebat quemdam, quem dicere nolo
  Nomine, ne tollat rubra supercilia.
Longus homo est, magnas quoi lites intulit olim
  Falsum mendaci ventre puerperium.

LXVIII.

AD MANLIUM.

Quod mihi, fortuna casuque oppressus acerbo,
  Conscriptum hoc lacrymis mittis epistolium,
Naufragum ut ejectum spumantibus æquoris undis
  Sublevem, et a mortis limine restituam;
Quem neque sancta Venus molli requiescere somno
  Desertum in lecto cœlibe perpetitur;
Nec veterum dulci scriptorum carmine Musæ
  Oblectant, quum mens anxia pervigilat;
Id gratum est mihi, me quoniam tibi ducis amicum,
  Muneraque et Musarum hinc petis et Veneris.
Sed tibi ne mea sint ignota incommoda, Manli,
  Neu me odisse putes hospitis officium;
Accipe, queis merser fortunæ fluctibus ipse,
  Ne amplius a misero dona beata petas.

peux entendre ce que l'on dit dans l'intérieur? Oui, mais j'ai souvent écouté ma maîtresse, lorsqu'elle venait près de moi causer à voix basse avec ses entremetteuses des galans dont j'ai parlé, les appelant chacun par son nom, sans se défier de moi qu'elle croyait sourde et muette. Il en est encore un que je pourrais citer.... mais je me tais, car je le vois déjà froncer ses sourcils roux, ce grand efflanqué, dont un procès scandaleux a constaté jadis la bâtardise.

LXVIII.

A MANLIUS.

Accablé par un coup affreux du sort, tu m'envoies un billet arrosé de tes larmes; en butte aux ondes en furie, tu me pries, dans ton naufrage, de te tendre une main amie, et de te rappeler des portes du trépas; tu m'écris qu'il ne t'est plus possible de goûter les douceurs du sommeil sur ta couche désormais solitaire, et que, dans ta douloureuse insomnie, les chants sublimes des anciens poètes ne peuvent charmer tes ennuis. Il m'est doux de voir que tu rends justice à mon amitié en réclamant d'elle les consolations que peuvent t'offrir les Muses et l'Amour. Mais je ne dois pas, ô Manlius! te laisser ignorer mes propres chagrins, de peur que tu ne m'accuses de manquer aux obligations que j'ai contractées envers mon bienfaiteur. Apprends donc dans quel abîme d'infortune je suis plongé moi-même; et n'attends pas d'un malheureux les chants qu'inspire le bonheur.

Tempore quo primum vestis mihi tradita pura est,
　Jucundum quum ætas florida ver ageret,
Multa satis lusi : non est Dea nescia nostri,
　Quæ dulcem curis miscet amaritiem.
Sed totum hoc studium luctu fraterna mihi mors
　Abstulit. O misero frater adempte mihi!
Tu mea, tu moriens fregisti commoda, frater;
　Tecum una tota est nostra sepulta domus;
Omnia tecum una perierunt gaudia nostra,
　Quæ tuus in vita dulcis alebat amor.
Quojus ego interitu tota de mente fugavi
　Hæc studia, atque omnes delicias animi.
Quare quod scribis : *Veronæ turpe Catullo*
　Esse, quod hic quisquis de meliore nota
Frigida deserto tepefecit membra cubili :
　Id, Mauli, non est turpe; magis miserum est.
Ignosces igitur, si, quæ mihi luctus ademit,
　Hæc tibi non tribuo munera, quum nequeo.
Nam, quod scriptorum non magna est copia apud me,
　Hoc fit, quod Romæ vivimus : illa domus,
Illa mihi sedes, illic mea carpitur ætas;
　Huc una ex multis capsula me sequitur.
Quod quum ita sit, nolim statuas, nos mente maligna
　Id facere, aut animo non satis ingenuo;
Quod tibi non utriusque petiti copia facta est;
　Ultro ego deferrem, copia si qua foret.

Non possum reticere, Deæ, qua Manlius in re
　Juverit, aut quantis juverit officiis;
Nec fugiens seclis obliviscentibus ætas

Au temps heureux où je revêtis la robe virile, alors que mon joyeux printemps était dans sa fleur, assez alors je m'abandonnai aux folâtres ébats de la jeunesse, et mon nom ne fut point inconnu de l'aimable déesse qui mêle à nos peines une douce amertume. Mais tous ces goûts du bel âge, le deuil que m'inspire la mort d'un frère les a bannis de mon esprit. Malheureux que je suis! ô mon frère! tu m'es donc ravi pour jamais! tu emportes dans la tombe tout mon bonheur! avec toi est enseveli l'espoir de notre famille entière! avec toi périssent toutes les félicités que nourrissait sans cesse le bonheur de te posséder! Ta mort a banni de mon esprit le goût de la poésie, qui faisait naguère mes délices.

Quant à ce que tu m'écris, qu'*il est honteux à Catulle de rester à Vérone, tandis qu'à Rome un galant homme s'efforce en vain de réchauffer ses membres dans son lit désert;* pour cela, Manlius, je suis plus à plaindre qu'à blâmer. Daigne donc m'excuser, si, réduit au silence par la perte d'un frère, ma Muse ne t'offre pas un tribut dont elle est désormais incapable. Car, si je n'ai ici avec moi qu'un très-petit nombre de mes écrits, c'est que Rome est mon séjour habituel : c'est que là est ma demeure, là sont mes pénates, là s'écoule la majeure partie de mon existence. De tous mes portefeuilles, un seul à peine m'a suivi à Vérone. Voilà toute la vérité. Garde-toi donc de penser que ce soit par humeur ou par ingratitude que je ne satisfais point ta double demande; j'aurais de grand cœur rempli tes vœux, si cela m'eût été possible.

Cependant, ô Muses, je ne tairai point les obligations que j'ai à Manlius, ni tous les services qu'il m'a rendus; et jamais le temps dans sa fuite ne cou-

Illius hoc cæca nocte tegat studium.
Sed dicam vobis. Vos porro dicite multis
    Millibus et facite hæc charta loquatur anus.

. . . .

    Notescatque magis mortuus, atque magis;
Ne tenuem texens sublimis aranea telam,
    Deserto in Manli nomine opus faciat.
Nam, mihi quam dederit duplex Amathusia curam,
    Scitis, et in quo me corruerit genere;
Quum tantum arderem, quantum Trinacria rupes,
    Lymphaque in OEtæis Malia Thermopylis;
Mœsta neque assiduo tabescere lumina fletu
    Cessarent, tristique imbre madere genæ.
Qualis in aerii pellucens vertice montis
    Rivus muscoso prosilit e lapide;
Qui, quum de prona præceps est valle volutus,
    Per medium densi transit iter populi,
Dulce viatori lasso in sudore levamen,
    Quum gravis exustos æstus hiulcat agros;
Ac veluti nigro jactatis turbine nautis
    Lenius adspirans aura secunda venit,
Jam prece Pollucis, jam Castoris implorata;
    Tale fuit nobis Manlius auxilium.
Is clausum lato patefecit limite campum,
    Isque domum nobis, isque dedit dominam;
Ad quam communes exerceremus amores,
    Quo mea se molli candida Diva pede
Intulit, et trito fulgentem in limine plantam
    Innixa, arguta constitit in solea;
Conjugis ut quondam flagrans advenit amore,

vrira du voile injurieux de l'oubli les preuves d'amitié qu'il m'a données. Je vous les confierai : vous, redites-les à des milliers d'autres, et que ces vers en parlent à la postérité la plus reculée. . . . .
Que la mort ne fasse qu'accroître de plus en plus la renommée de Manlius, et que jamais Arachné n'ourdisse sa trame sur l'inscription du monument qui recevra ses restes ; car vous savez, déesses, combien l'astucieuse Vénus m'a causé de soucis, de quels feux dévorans elle a embrasé mon cœur ! Alors que mon sein était aussi brûlant que le cratère de l'Etna et les ondes bouillonnantes des Thermopyles ; alors que mes yeux étaient flétris par la douleur, et que mes joues étaient sillonnées de larmes intarissables. Tel qu'au sommet escarpé d'un mont, jaillit d'une roche moussue un ruisseau limpide qui, poursuivant son cours sur le penchant de la colline, vient serpenter à travers une route fréquentée, et offrir un soulagement agréable au voyageur fatigué et couvert de sueur, dans cette saison où l'excès de la chaleur crevasse les champs desséchés ; tel qu'un vent propice, qui par sa douce haleine ranime les nautoniers ballottés par la tempête, et dont la voix suppliante implorait déjà Castor et Pollux ; tel Manlius me tendit une main secourable. C'est lui qui recula les limites de mon petit domaine ; c'est à lui que je dois et ma maîtresse et cette maison, asile de nos mutuels amours, où souvent se rendit la déesse de mon âme, et dont le seuil, effleuré par son joli pied, retentit tant de fois du doux bruit de ses pas. Ainsi jadis, consumée d'amour, Laodamie entra dans le palais de son époux, vainement préparé pour l'hymen, avant que le sang des victimes sacrées eût rendu les dieux propices : me préserve Némésis, de jamais

Protesilaëam Laodamia domum
Inceptam frustra, nondum quum sanguine sacro
　Hostia coelestes pacificasset heros.
Nil mihi tam valde placeat, Rhamnusia virgo,
　Quod temere invitis suscipiatur heris.
Quam jejuna pium desideret ara cruorem,
　Docta est amisso Laodamia viro;
Conjugis ante coacta novi dimittere collum,
　Quam veniens una atque altera rursus hiems
Noctibus in longis avidum saturasset amorem,
　Posset ut abrupto vivere conjugio;
Quod scibant Parcae non longo tempore abesse,
　Si miles muros isset ad Iliacos.
Nam tum Helenae raptu primores Argivorum
　Coeperat ad sese Troja ciere viros;
Troja nefas, commune sepulcrum Europae Asiaeque,
　Troja virum et virtutum omnium acerba cinis;
Quae nempe et nostro letum miserabile fratri
　Attulit: hei misero frater adempte mihi!
Hei misero fratri jucundum lumen ademptum!
　Tecum una tota est nostra sepulta domus;
Omnia tecum una perierunt gaudia nostra,
　Quae tuus in vita dulcis alebat amor.
Quem nunc tam longe non inter nota sepulcra,
　Nec prope cognatos compositum cineres,
Sed Troja obscena, Troja infelice sepultum
　Detinet extremo terra aliena solo.
Ad quam tum properans fertur simul undique pubes
　Graeca penetrales deseruisse focos;
Ne Paris abducta gavisus libera moecha

rien entreprendre sans l'aveu des Immortels! Laodamie n'apprit que trop combien leurs autels sont altérés d'un sang pieux ; lorsqu'elle vit son époux ravi à ses embrassemens, avant que deux hivers et leurs longues nuits d'amour eussent assouvi sa passion, et l'eussent préparée à ce cruel veuvage! Elles le savaient bien, les Parques, qu'une prompte mort attendait Protésilas, s'il descendait armé aux rivages d'Ilion ; car alors l'enlèvement d'Hélène appelait l'élite de la Grèce sous les remparts de Troie. Funeste Troie! commun tombeau de l'Europe et de l'Asie, toi qui ensevelis sous tes cendres tant de héros et de hauts faits! C'est aussi toi qui causas le funeste trépas de mon frère. O malheureux frère! la mort t'a donc ravi la douce lumière des cieux ; avec toi est descendu dans la tombe l'espoir de notre famille entière ; avec toi périssent toutes les félicités que nourrissait sans cesse le bonheur de te posséder! Hélas! ce n'est point parmi nos sépultures honorées, auprès des tombeaux de tes ancêtres que repose ta cendre, mais le rivage maudit et détesté de Troie te retient, loin de nous, sur un sol étranger, aux extrémités du monde!

Ce fut vers cette ville funeste que marchèrent, dit-on, de tous les pays de la Grèce, ces jeunes guerriers, qui abandonnèrent leurs foyers domestiques, pour troubler

Otia pacato degeret in thalamo.
Quo tibi tum casu, pulcherrima Laodamia,
 Ereptum est vita dulcius atque anima
Conjugium; tanto te absorbens vortice amoris
 Æstus in abruptum detulerat barathrum;
Quale ferunt Graii Pheneum prope Cylleneum
 Siccare emulsa pingue palude solum;
Quod quondam cæsis montis fodisse medullis
 Audit falsiparens Amphitryoniades;
Tempore quo certa Stymphalia monstra sagitta
 Perculit, imperio deterioris heri;
Pluribus ut cœli tereretur janua Divis,
 Hebe nec longa virginitate foret.
Sed tuus altus amor barathro fuit altior illo,
 Qui tunc indomitam ferre jugum docuit.
Nam neque tam carum confecto ætate parenti
 Una caput seri gnata nepotis alit;
Qui, quum divitiis vix tandem inventus avitis
 Nomen testatas intulit in tabulas,
Impia derisi gentilis gaudia tollens,
 Suscitat a cano vulturium capite.
Nec tantum niveo gavisa est ulla columbo
 Compar: quæ multo dicitur improbius
Oscula mordenti semper decerpere rostro;
 Quanquam præcipue multivola est mulier.
Sed tu horum magnos vicisti sola furores;
 Ut semel es flavo conciliata viro.
Aut nihil, aut paullo quoi tum concedere digna,
 Lux mea se nostrum contulit in gremium.
Quam circumcursans hinc illinc sæpe Cupido

la joie de Pâris et de sa maîtresse adultère, et les empêcher de goûter en paix les plaisirs d'un coupable amour. Ce fut alors, belle Laodamie, que le sort te ravit l'époux qui t'était plus cher que la vie; et que l'ardent amour qui s'était emparé de toi te plongea dans un abîme de douleur : moins profond était, si l'on en croit les fables de la Grèce, le gouffre ouvert, près de Phénée, par le fils supposé d'Amphitryon ; lorsque, par l'ordre d'un tyran cruel, il creusa les entrailles d'une montagne, pour dessécher le sol fangeux du marais de Stymphale, et perça de ses flèches inévitables les monstres qui habitaient ces rives; lorsque, par ces travaux, il mérita que le seuil de l'Olympe s'ouvrît à un dieu nouveau, et qu'Hébé ne fût pas condamnée à une éternelle virginité. Oui, l'amour qui força ton cœur, jusqu'alors indompté, à porter le joug de l'hymen, était plus profond encore que le gouffre creusé par Hercule. Moins vive est la joie que cause à son père, accablé par le poids des ans, la fille unique qui lui donna un tardif héritier, dont le vieillard se hâte d'inscrire le nom dans son testament, afin de lui transmettre l'héritage de ses aïeux, et de tromper la joie impie d'un avide collatéral, qui, comme un vautour dévorant, planait déjà sur sa tête blanchie par l'âge; moins ardens sont les transports que ressent pour son tourtereau la tourterelle qui prodigue et reçoit plus de baisers que l'amante la plus passionnée. Oui, Laodamie, une fois unie au blond Protésilas, tu surpassas les fureurs érotiques de la tourterelle elle-même.

Aussi belle et non moins tendre que Laodamie était la lumière de ma vie, lorsqu'elle vint se jeter dans mes bras : autour d'elle voltigeait l'Amour vêtu d'une bril-

Fulgebat crocina candidus in tunica.
Quae tamen etsi uno non est contenta Catullo,
    Rara verecundae furta feremus herae;
Ne nimium simus stultorum more molesti.
    Saepe etiam Juno, maxima Coelicolum,
Conjugis in culpa flagravit quotidiana,
    Noscens omnivoli plurima furta Jovis.
Atqui nec Divis homines componier aequum est;
    Ingratum tremuli tolle parentis onus.
Nec tamen illa mihi dextra deducta paterna
    Fragrantem Assyrio venit odore domum;
Sed furtiva dedit mira munuscula nocte,
    Ipsius ex ipso dempta viri gremio.
Quare illud satis est, si nobis is datur unus,
    Quem lapide illa diem candidiore notat.

Hoc tibi, quod potui, confectum carmine munus
    Pro multis, Manli, redditur officiis;
Ne vostrum scabra tangat robigine nomen
    Haec atque illa dies, atque alia, atque alia.'
Huc addent Divi quam plurima, quae Themis olim
    Antiquis solita est munera ferre piis.
Sitis felices, et tu simul, et tua vita,
    Et domus ipsa, in qua lusimus, et domina;
Et qui principio nobis te tradidit, a quo
    Sunt primo nobis omnia nata bona;
Et longe ante omnes mihi quae me carior ipso est,
    Lux mea; qua viva vivere dulce mihi est.

lante tunique. Mais, bien que la coquette ne se borne pas aux hommages de Catulle, supportons, sans nous plaindre, ces rares caprices de ma maîtresse, et n'allons pas comme un sot nous rendre importun par notre jalousie. Junon elle-même, la plus puissante des déesses, eut souvent à gémir des outrages journaliers d'un époux, et les nombreuses infidélités de Jupiter ne lui étaient que trop connues. Mais il est impie de se comparer aux dieux ; et gardons-nous d'imiter le ton grondeur d'un vieux père. D'ailleurs, ce n'est pas l'auteur de ses jours qui, la tenant par la main, l'a conduite dans ma maison embaumée, pour la recevoir, des parfums de l'Assyrie; mais elle s'échappa furtivement des bras mêmes de son époux dans cette nuit d'ivresse où elle me prodigua tous les trésors de son amour. Ah! n'est-ce pas assez pour mon bonheur de compter dans ma vie un si beau jour, dont le marbre blanc conserve la date fortunée ?

Accepte le tribut de ces vers, cher Manlius : c'est tout ce que j'ai pu faire pour te prouver ma reconnaissance de tant de bienfaits ; puissent-ils préserver ton nom de la rouille des âges ; que le jour les redise au jour, l'année à l'année, le siècle au siècle; que les dieux y ajoutent les faveurs sans nombre dont autrefois Thémis comblait les mortels vertueux ! Soyez heureux, et toi et ta maîtresse, et ta maison, théâtre de nos joyeux ébats, et toute ton existence ; et celui qui me concilia ton amitié, source première de toutes mes félicités; et surtout, et avant tous les autres, cette lumière de mon âme, qui m'est plus chère que moi-même, et dont l'existence me fait apprécier le bonheur de vivre.

LXIX.

AD RUFUM.

Noli admirari, quare tibi fœmina nulla,
 Rufe, velit tenerum supposuisse femur;
Non ullam raræ labefactes munere vestis,
 Aut pelluciduli deliciis lapidis.
Lædit te quædam mala fabula, qua tibi fertur
 Valle sub alarum trux habitare caper.
Hunc metuunt omnes: neque mirum; nam mala valde est
 Bestia, nec quicum bella puella cubet.
Quare aut crudelem nasorum interfice pestem :
 Aut admirari desine, cur fugiunt.

LXX.

DE INCONSTANTIA FOEMINEI AMORIS.

Nulli se dicit mulier mea nubere malle,
 Quam mihi : non si se Jupiter ipse petat.
Dicit : sed mulier cupido quod dicit amanti,
 In vento, et rapida scribere oportet aqua.

LXXI.

AD VIRRONEM.

Si quoi, Virro, bono sacer alarum obstitit hircus,
 Aut si quem merito tarda podagra secat;

LXIX.

CONTRE RUFUS.

Ne t'étonne plus, Rufus, si toutes les femmes se refusent à tes caresses; s'il n'en est pas une seule que tu puisses séduire par le don d'une robe de prix ou l'offre d'une pierre précieuse : c'est qu'il court sur ton compte un bruit qui te fait beaucoup de tort; on dit que sous tes aisselles habite un bouc infect. Voilà ce que redoutent toutes les femmes, et je le conçois sans peine; car le bouc est une vilaine bête qu'une belle n'aime pas à trouver dans son lit. Ainsi donc, ô Rufus, ou corrige en toi cette odeur fétide qui offense l'odorat, ou cesse de t'étonner que toutes les femmes te fuient.

LXX.

DE L'INCONSTANCE DES FEMMES EN AMOUR.

Ma belle jure qu'elle n'aura jamais d'autre amant que moi; que Jupiter lui-même implorerait en vain ses faveurs. Elle le jure; mais les sermens qu'une femme fait à celui qui l'adore sont écrits sur l'aile des vents ou sur l'onde fugitive.

LXXI.

A VIRRON.

Si jamais, Virron, homme fut victime à juste titre de l'odeur exécrable qu'il exhale et de la goutte qui le

Æmulus iste tuus, qui vostrum exercet amorem,
  Mirifice est a te nactus utrumque malum.
Nam quoties futuit, toties ulciscitur ambos;
  Illam affligit odore, ipse perit podagra.

LXXII.

AD LESBIAM.

Dicebas quondam, solum te nosse Catullum,
  Lesbia; nec præ me velle tenere Jovem.
Dilexi tum te, non tantum ut volgus amicam,
  Sed pater ut gnatos diligit et generos.
Nunc te cognovi : quare, etsi impensius uror,
  Multo mi tamen es vilior et levior.
Qui potis est? inquis. Quod amantem injuria talis
  Cogit amare magis, sed bene velle minus.

LXXIII.

IN INGRATUM.

Desine de quoquam quidquam bene velle mereri,
  Aut aliquem fieri posse putare pium.
Omnia sunt ingrata : nihil fecisse benigne est;
  Immo etiam tædet, tædet obestque magis;

tourmente, c'est assurément ton rival, celui qui te remplace auprès de ta maîtresse; et, chose admirable! c'est à toi qu'il est redevable de cette double infirmité qui te venge à la fois de tous les deux! Car, toutes les fois qu'il est dans les bras de l'infidèle, il l'infecte par ses fétides exhalaisons, et lui-même il ajoute aux douleurs de la goutte qui le tue.

LXXII.

A LESBIE.

Jadis tu me disais, Lesbie, que Catulle seul avait eu tes faveurs, et que tu préférais mes caresses à celles de Jupiter lui-même. Je te chérissais alors, non pas de cet amour vulgaire qu'inspire une maîtresse, mais de cette tendresse qu'un père a pour des enfans adorés. Mais maintenant je te connais trop! Aussi, quoique je sois plus épris que jamais, tu n'as plus pour moi ni les mêmes charmes, ni le même prix. — Comment cela peut-il être? diras-tu. — Parce que une telle perfidie force ton amant à t'aimer davantage, mais à t'estimer beaucoup moins.

LXXIII.

CONTRE UN INGRAT.

Cesse de vouloir rendre service à tout le monde, et de croire qu'il existe un seul homme susceptible de reconnaissance. L'ingratitude est générale; les bienfaits sont comptés pour rien : que dis-je? ils sont pour les

Ut mihi, quem nemo gravius nec acerbius urget,
    Quam modo qui me unum atque unicum amicum habuit.

LXXIV.

IN GELLIUM.

Gellius audierat, patruum objurgare solere,
    Si quis delicias diceret, aut faceret.
Hoc ne ipsi accideret, patrui perdepsuit ipsam
    Uxorem, et patruum reddidit Harpocratem.
Quod voluit, fecit: nam, quamvis inrumet ipsum
    Nunc patruum, verbum non faciet patruus.

LXXV.

AD LESBIAM.

Nulla potest mulier tantum se dicere amatam
    Vere, quantum a me, Lesbia, amata, mea es.
Nulla fides ullo fuit unquam foedere tanta,
    Quanta in amore tuo ex parte reperta mea est.
Nunc est mens adducta tua, mea Lesbia, culpa
    Atque ita se officio perdidit ipsa pio;
Ut jam nec bene velle queam tibi, si optima fias,
    Nec desistere amare, omnia si facias.

ingrats un fardeau, un sujet de haine. J'en fais la triste expérience, moi qui trouve le plus dangereux, le plus acharné de mes persécuteurs dans celui qui naguère voyait en moi son unique ami.

LXXIV.

CONTRE GELLIUS.

Gellius avait entendu dire que son oncle se montrait un rigoureux censeur des propos et des actions trop libres. Pour se mettre à l'abri d'un tel reproche, qu'a-t-il fait? Il a séduit sa tante, et réduit son oncle au rôle d'Harpocrate. C'est ainsi qu'il en est venu à ses fins; car, pour faire taire la censure, il a fermé la bouche au censeur.

LXXV.

A LESBIE.

Jamais femme n'a pu se dire aussi tendrement aimée que tu l'as été de moi, ô ma Lesbie! jamais la foi des traités n'a été plus religieusement gardée que ne l'ont été par moi nos sermens d'amour. Mais vois où tu m'as conduit par ta faute; vois à quel degré de misère me réduit ma fidélité : quand tu deviendrais la plus vertueuse des femmes, je ne pourrais te rendre mon estime, ni cesser de t'aimer, quand tu te livrerais aux plus honteux excès.

LXXVI.

AD SE IPSUM.

Si qua recordanti benefacta priora voluptas
  Est homini, quum se cogitat esse pium,
Nec sanctam violasse fidem, nec foedere in ullo
  Divum ad fallendos numine abusum homines;
Multa parata manent in longa aetate, Catulle,
  Ex hoc ingrato gaudia amore tibi.
Nam quaecumque homines bene quoiquam aut dicere possunt
  Aut facere, haec a te dictaque factaque sunt;
Omnia quae ingratae perierunt credita menti.
  Quare jam te cur amplius excrucies?
Quin te animo obfirmas, teque istinc usque reducis,
  Et, Dis invitis, desinis esse miser?
Difficile est longum subito deponere amorem;
  Difficile est : verum hoc qualubet efficias.
Una salus haec est, hoc est tibi pervincendum.
  Hoc facies, sive id non pote, sive pote.
O Di, si vostrum est misereri, aut si quibus unquam
  Extrema jam ipsa in morte tulistis opem;
Me miserum adspicite, et si vitam puriter egi,
  Eripite hanc pestem perniciemque mihi,
Quae mihi subrepens imos, ut torpor, in artus,
  Expulit ex omni pectore laetitias.
Non jam illud quaero, contra ut me diligat illa,
  Aut, quod non potis est, esse pudica velit;
Ipse valere opto, et tetrum hunc deponere morbum.
  O Di, reddite mi hoc pro pietate mea.

LXXVI.

A LUI-MÊME.

Si le souvenir du bien qu'il a fait est un plaisir pour l'honnête homme qui peut se dire à lui-même : Je n'ai jamais violé la sainteté du serment, jamais, pour tromper mes semblables, je n'ai profané le nom des dieux ; que de joies, ô Catulle, te promet pour ta vieillesse un amour si mal récompensé ! Tout ce qu'un homme peut dire et faire de plus bienveillant, tu l'as dit, tu l'as fait, mais en vain, pour l'infidèle qui te paie d'ingratitude. A quoi bon te tourmenter plus long-temps ? reprends courage, romps pour jamais tes chaînes, et, quand les dieux s'opposent à ton amour, cesse de faire toi-même ton malheur. Il est difficile de renoncer à un amour aussi ancien ; difficile sans doute ; mais tu dois tout faire pour y parvenir. Ton salut est à ce prix ; possible ou non, il faut le tenter, il te faut remporter cette victoire. Grands dieux ! si la pitié est votre partage, si jamais vous avez porté secours aux malheureux luttant contre les dernières angoisses de la mort, contemplez mon infortune, et si ma vie fut pure et sans tache, délivrez-moi d'un fléau contagieux qui, comme un froid poison circulant dans mes veines, a pour jamais banni la joie de mon cœur ! Je ne demande plus que la volage me paie de retour, ou qu'elle écoute désormais les lois de la pudeur, ce serait demander l'impossible ; non, ma guérison et l'oubli du mal qui me dévore, grands dieux ! c'est la seule grâce que j'implore de vous pour prix de ma piété.

LXXVII.

AD RUFUM.

Rufe, mihi frustra ac nequicquam credite amice,
  Frustra? immo magno cum pretio atque malo;
Siccine subrepsti mi, atque, intestina perurens,
  Mi misero eripuisti omnia nostra bona?
Eripuisti. Heu, heu, nostræ crudele venenum
  Vitæ, heu, heu, nostræ pestis amicitiæ!

LXXVIII.

DE GALLO.

Gallus habet fratres, quorum est lepidissima conjux
  Alterius, lepidus filius alterius.
Gallus homo est bellus : nam dulces jungit amores,
  Cum puero ut bello bella puella cubet.
Gallus homo est stultus, nec se videt esse maritum,
  Qui patruus patrui monstret adulterium.

LXXIX.

FRAGMENTUM.

. . . .
Sed nunc id doleo, quod puræ impura puellæ
  Suavia conjunxit spurca saliva tua.

LXXVII.

A RUFUS.

C'est donc en vain, Rufus, c'est donc à tort, que je t'ai cru mon ami? Que dis-je, en vain? j'ai fait, hélas! une trop cruelle épreuve de ta fausseté! As-tu donc pu te résoudre à déchirer le cœur de ton malheureux ami, à lui dérober son bien le plus précieux, à le lui arracher? Perte cruelle, qui fait le tourment de ma vie, et qui pour jamais a détruit notre amitié!

LXXVIII.

SUR GALLUS.

Gallus a deux frères : l'un a une jolie femme, l'autre un fils fort joli garçon. L'aimable homme que Gallus! grâce à ses soins complaisans, un même lit reçoit la belle tante et son beau neveu. Mais Gallus est un grand sot, car il oublie qu'il est marié, et que son front pourra bien porter la peine des leçons d'adultère qu'il donne à son neveu.

LXXIX.

FRAGMENT.

. . . . Ce qui m'afflige maintenant, c'est que tes baisers dégoûtans ont souillé de leur bave impure les lèvres si pures de ma belle; mais cette insulte

Verum id non impune feres : nam te omnia secla
  Noscent, et, qui sis, fama loquetur anus.

LXXX.

IN LESBIUM.

Lesbius est pulcher : quidni? quem Lesbia malit,
  Quam te cum tota gente, Catulle, tua.
Sed tamen hic pulcher vendat cum gente Catullum,
  Si tria notorum suavia reppererit.

LXXXI.

AD GELLIUM.

Quid dicam, Gelli, quare rosea ista labella
  Hiberna fiant candidiora nive,
Mane domo quum exis, et quum te octava quiete
  E molli longo suscitat hora die?
Nescio quid certe est. An vere fama susurrat,
  Grandia te medii tenta vorare viri?
Sic certe clamant Virronis rupta miselli
  Ilia, et emulso labra notata sero.

ne restera pas impunie : mes vers transmettront ton infamie aux siècles à venir, et la postérité la plus reculée saura qui tu es.

LXXX.

CONTRE LESBIUS.

Lesbius est beau : oui, sans doute, puisque Lesbie le préfère à Catulle et à toute sa race. Mais, tout beau qu'il est, je consens qu'il me vende à son gré, moi et toute ma race, s'il trouve un galant homme qui consente à lui donner trois baisers.

LXXXI.

A GELLIUS.

Dis-nous, Gellius, pourquoi tes lèvres, ordinairement si roses, se montrent plus blanches que la neige, lorsque, dans les longs jours, la huitième heure t'arrache aux douceurs du repos? J'en ignore la cause; mais dois-je en croire ce que chacun se dit à l'oreille, que ta bouche impure dévore un homme dans son centre? En effet, les flancs épuisés du malheureux Virron, et cette blancheur séreuse qui couvre tes lèvres le proclament assez.

LXXXII.

AD JUVENTIUM.

Nemone in tanto potuit populo esse, Juventi,
    Bellus homo, quem tu diligere inciperes;
Præterquam iste tuus moribunda a sede Pisauri
    Hospes, inaurata pallidior statua,
Qui tibi nunc cordi est, quem tu præponere nobis
    Audes? Ah! nescis, quod facinus facias.

LXXXIII.

AD QUINTIUM.

Quinti, si tibi vis oculos debere Catullum,
    Aut aliud, si quid carius est oculis;
Eripere ei noli, multo quod carius illi
    Est oculis, si quid carius est oculis.

LXXXIV.

IN MARITUM LESBIÆ.

Lesbia mi, præsente viro, mala plurima dicit;
    Hoc illi fatuo maxima lætitia est.
Mule, nihil sentis. Si nostri oblita taceret,
    Sana esset : quod nunc gannit et obloquitur,

LXXXII.

A JUVENTIUS.

Eh quoi! Juventius, parmi la foule d'adorateurs qui t'entoure, n'était-il donc aucun homme aimable, digne d'obtenir ton premier amour, pour que tu allasses déterrer sur les rivages empestés de Pisaure ce moribond à la face livide et cadavéreuse, qui est maintenant l'objet de toutes tes affections, et que tu oses nous préférer, à nous autres jeunes gens? Ah! Juventius! tu ne sais pas quel crime est le tien!

LXXXIII.

A QUINTIUS.

Veux-tu, Quintius, que Catulle te doive la vie et plus encore, s'il est quelque chose de plus précieux que la vie? ne cherche point à lui ravir celle qui lui est mille fois plus chère que sa propre vie.

LXXXIV.

SUR LE MARI DE LESBIE.

En présence de son mari, Lesbie me dit mille injures; et mon sot en est au comble de la joie. Butor, tu ne te doutes de rien. Si elle ne pensait pas à moi, elle se tairait, et ton honneur serait sauf. Or, elle me gronde,

Non solum meminit; sed, quæ multo acrior est res,
  Irata est : hoc est, uritur et loquitur.

LXXXV.

DE ARRIO.

Chommoda dicebat, si quando commoda vellet
  Dicere, et hinsidias Arrius insidias;
Et tum mirifice sperabat se esse locutum,
  Quum, quantum poterat, dixerat hinsidias.
Credo sic mater, sic Liber avunculus ejus,
  Sic maternus avus dixerit, atque avia.
Hoc misso in Syriam, requierant omnibus aures,
  Audibant eadem hæc leniter et leviter.
Nec sibi postilla metuebant talia verba,
  Quum subito adfertur nuntius horribilis,
Ionios fluctus, postquam illuc Arrius isset,
  Jam non Ionios esse, sed Hionios.

LXXXVI.

DE AMORE SUO.

Odi et amo. Quare id faciam, fortasse requiris.
  Nescio : sed fieri sentio et excrucior.

elle m'injurie, non-seulement elle pense à moi; mais ce qui est bien pire pour ton front, elle s'emporte, et sa colère est l'expression de son amour.

LXXXV.

SUR ARRIUS.

Lorsque Arrius voulait dire commode, il disait *chommode*, et *hembûches* pour embûches; et plus il aspirait ces mots, plus il croyait dire merveilles. Ainsi, je crois, parlait sa mère, ainsi parlait Liber, son oncle, et son aïeul maternel et tous ses ancêtres. Enfin, il part pour la Syrie, et laisse en repos nos oreilles; ces mots avaient repris leur prononciation douce et naturelle, et nous ne craignions plus de les voir ainsi défigurés; quand tout à coup, horrible nouvelle! on apprend que depuis le voyage d'Arrius, la mer Ionienne, changeant de nom, est devenue la mer *Hionienne*.

LXXXVI.

SUR SON AMOUR.

J'aime et je hais en même temps. — Comment cela se fait-il? direz-vous peut-être. — Je l'ignore; mais je le sens, et c'est un supplice pour mon âme.

LXXXVII.

DE QUINTIA ET LESBIA.

Quintia formosa est multis : mihi candida, longa,
    Recta est. Hoc ego : sic singula confiteor.
Totum illud, formosa, nego : nam nulla venustas,
    Nulla in tam magno est corpore mica salis.
Lesbia formosa est : quæ quum pulcherrima tota est,
    Tum omnibus una omnes surripuit Veneres.

LXXXVIII.

IN GELLIUM.

Quid facit is, Gelli, qui cum matre atque sorore
    Prurit, et abjectis pervigilat tunicis?
Quid facit is, patruum qui non sinit esse maritum?
    Ecquid scis, quantum suscipiat sceleris?
Suscipit, o Gelli, quantum non ultima Tethys,
    Non genitor Nympharum abluit Oceanus.
Nam nihil est quidquam sceleris, quo prodeat ultra;
    Non si demisso se ipse voret capite.

LXXXVII.

SUR QUINTIA ET LESBIE.

Au dire de bien des gens Quintia est belle : pour moi, je la trouve blanche, grande et bien faite. Je ne lui conteste aucune de ces qualités; mais est-elle belle avec tout cela? Non sans doute; car, dans tout ce grand corps, il n'y a rien de gracieux, rien de piquant. Lesbie, au contraire, est vraiment belle, belle de la tête aux pieds, et semble, par un heureux larcin, réunir en elle seule tous les attraits ravis aux autres belles.

LXXXVIII.

CONTRE GELLIUS.

Quel crime, ô Gellius, commet celui qui, dépouillant toute pudeur, dans son délire incestueux ne respecte ni sa mère ni sa sœur, qui rend son oncle même incapable de remplir le devoir conjugal? Sais-tu bien tout ce qu'a d'horrible une semblable conduite? Elle est telle, ô Gellius, que toutes les eaux de l'Océan, quand on y comprendrait la mer de Thulé, ne pourraient suffire pour laver un tel forfait, un forfait si grand, que l'homme ne saurait aller plus loin en fait de crime, pas même s'il se livrait sur lui-même aux plus dégoûtantes infamies!

LXXXIX.

DE GELLIO.

Gellius est tenuis : quidni? quoi tam bona mater
  Tamque valens vivat, tamque venusta soror,
Tamque bonus patruus, tamque omnia plena puellis
  Cognatis : quare is desinat esse macer?
Qui ut nihil attingat, nisi quod fas tangere non est,
  Quantumvis quare sit macer, invenies.

XC.

IN GELLIUM.

Nascatur Magus ex Gelli matrisque nefando
  Conjugio, et discat Persicum haruspicium.
Nam Magus ex matre et gnato gignatur oportet,
  Si vera est Persarum impia relligio,
Gnatus ut accepto veneretur carmine Divos,
  Omentum in flamma pingue liquefaciens.

XCI.

IN GELLIUM.

Non ideo, Gelli, sperabam te mihi fidum
  In misero hoc nostro, hoc perdito amore fore;
Quod te cognossem bene, constantemve putarem,
  Aut posse a turpi mentem inhibere probro;

LXXXIX.

SUR GELLIUS.

Gellius est maigre à faire peur : qui pourrait s'en étonner? Sa mère est si facile, sa sœur si belle et si rebondie, son oncle si complaisant, il compte dans sa famille tant de jolies cousines! comment pourrait-il engraisser? Aussi, même en ne comptant que ses amours incestueux, on devine aussitôt la cause de sa maigreur.

XC.

CONTRE GELLIUS.

S'il faut en croire l'impie superstition des Perses, c'est de l'union criminelle d'une mère et de son fils que naît le mage dont les hymnes sont agréables aux dieux, et qui fait fondre sur leurs autels la graisse des victimes : qu'il naisse donc un mage de l'amour incestueux de Gellius et de sa mère, et qu'il apprenne à l'école des Perses l'art des aruspices!

XCI.

CONTRE GELLIUS.

Si j'espérais, Gellius, que tu ne chercherais point à troubler cet amour insensé qui fait le tourment de ma vie, ce n'est pas que j'eusse bonne opinion de tes mœurs, que je crusse à la constance de ton amitié, à ta répu-

Sed quod nec matrem, nec germanam esse videbam
  Hanc tibi, quojus me magnus edebat amor.
Et quamvis tecum multo conjungerer usu;
  Non satis id causae credideram esse tibi.
Tu satis id duxti : tantum tibi gaudium in omni
  Culpa est, in quacunque est aliquid sceleris.

XCII.

DE LESBIA.

Lesbia mi dicit semper male, nec tacet unquam
  De me : Lesbia me, dispeream, nisi amat.
Quo signo? quasi non totidem mox deprecor illi
  Assidue : verum dispeream, nisi amo.

XCIII.

IN CAESAREM.

Nil nimium studeo, Caesar, tibi velle placere,
  Nec scire, utrum sis albus, an ater homo.

XCIV.

IN MENTULAM.

Mentula moechatur : moechatur Mentula certe.
  Hoc est, quod dicunt : Ipsa olera olla legit.

gnance pour toute action honteuse ; mais je me fiais à ce que celle que j'adore n'était ni ta mère ni ta sœur. Or, quelle que fût l'intimité qui existât entre nous, je ne pensais pas que ce fût une cause suffisante pour que tu devinsses mon rival. C'en fut assez pour toi : tant tu trouves de plaisir dans tout ce qui offre la moindre apparence de crime !

XCII.

DE LESBIE.

Lesbie médit de moi dans tous ses discours; elle ne tarit pas sur mon compte : que je meure si Lesbie ne m'aime pas. — La preuve ? — C'est que moi-même je la maudis sans cesse, et que je l'aime à la folie.

XCIII.

CONTRE CÉSAR.

Te plaire, ô César ! est le moindre de mes soucis : je ne m'informe pas même si tu es blanc ou noir.

XCIV.

CONTRE MENTULA.

Mentula fornique; oui, sans doute, Mentula fornique. Comme dit le proverbe : c'est la marmite qui cueille les choux.

XCV.

DE SMYRNA CINNÆ POETÆ.

Smyrna mei Cinnæ nonam post denique messem,
    Quam cœpta est, nonamque edita post hiemem;
Millia quum interea quingenta Hortensius uno
    . . . .
Smyrna cavas Atacis penitus mittetur ad undas,
    Smyrnam incana diu secula pervoluent.
At Volusi Annales. . . . .
    Et laxas scombris sæpe dabunt tunicas.
Parva mei mihi sunt cordi monumenta. . . .
    At populus tumido gaudeat Antimacho.

XCVI.

AD CALVUM DE QUINTILIA.

Si quidquam mutis gratum acceptumque sepulcris
    Accidere a nostro, Calve, dolore potest,
Quo desiderio veteres renovamus amores,
    Atque olim amissas flemus amicitias;
Certe non tanto mors immatura dolori est
    Quintiliæ, quantum gaudet amore tuo.

XCV.

SUR LA SMYRNE DU POÈTE CINNA.

Neuf étés se sont écoulés depuis que mon cher Cinna commença son poëme de *Smyrne*, qui paraît enfin après neuf hivers; pendant cet espace de temps, Hortensius a produit, chaque année, des milliers de vers............ Mais la gloire de la *Smyrne* se répandra jusqu'aux limites du monde, et passera d'âge en âge à la postérité; tandis que les *Annales* de Volusius............ serviront d'enveloppe aux maquereaux. Malgré leur briéveté, je chéris les ouvrages de mon ami........... et je laisse le sot vulgaire admirer les vers boursoufflés d'Antimachus.

XCVI.

A CALVUS, SUR LA MORT DE QUINTILIE.

Si le deuil des vivans apporte quelque consolation aux muets habitans des tombeaux; s'ils ne sont pas insensibles aux regrets qui nous rappellent nos anciennes amours, aux pleurs que nous donnons à des amis perdus depuis long-temps; ta Quintilie, ô Calvus, doit moins s'affliger de sa mort prématurée, que se réjouir des preuves de ton amour!

XCVII.

IN ÆMILIUM.

Non, ita me Dii ament, quidquam referre putavi,
  Utrumne os an culum olfacerem Æmilio.
Nil immundius hoc, nihiloque immundius illud.
  Verum etiam culus mundior et melior;
Nam sine dentibus est. Hoc dentes sesquipedales,
  Gingivas vero ploxemi habet veteris:
Præterea rictum, qualem diffissus in æstu
  Meientis mulæ cunnus habere solet.
Hic futuit multas, et se facit esse venustum;
  Et non pistrino traditur atque asino?
Quem si qua attingit, non illam posse putemus
  Ægroti culum lingere carnificis?

XCVIII.

AD VETTIUM.

In te, si in quemquam, dici pote, putide Vetti,
  Id quod verbosis dicitur et fatuis:
Ista cum lingua, si usus veniat tibi, possis
  Culos et crepidas lingere carbatinas.
Si nos omnino vis omnes perdere, Vetti,
  Hiscas: omnino, quod cupis, efficies.

XCVII.

CONTRE ÉMILIUS.

Que les dieux me soient en aide, si je puis dire quelle est la plus sale partie du corps d'Émilius; et d'ailleurs cela n'importe guère. Il est immonde par en bas, plus immonde encore par en haut; mais sa bouche est sans contredit plus sale encore que tout le reste; car elle offre des dents longues d'un pied et demi, enchâssées dans des gencives semblables à un vieux bahut. Ajoutez que la vulve épanouie d'une mule, qui urine pendant les chaleurs de l'été, offre l'image parfaite de cette bouche fendue jusqu'aux oreilles. Et pourtant cet homme a des maîtresses, et il fait l'agréable, et l'on n'envoie pas un pareil âne tourner la meule du moulin! Si quelque belle se laisse toucher par lui, elle n'est pas digne selon moi des caresses infâmes du bourreau.

XCVIII.

A VECTIUS.

Il existe un proverbe qu'on adresse ordinairement aux sots et aux bavards : Sa langue n'est bonne qu'à lécher des semelles de cuir vert. Or, si jamais personne a mérité qu'on lui en fît l'application, c'est toi surtout, infect Vectius. Si donc tu veux nous perdre tous, ouvre seulement la bouche; tous tes vœux seront satisfaits.

XCIX.

AD JUVENTIUM.

Surripui tibi, dum ludis, mellite Juventi,
  Suaviolum dulci dulcius ambrosia.
Verum id non impune tuli; namque amplius horam
  Suffixum in summa me memini esse cruce;
Dum tibi me purgo, nec possum fletibus ullis
  Tantillum vostræ demere sævitiæ.
Nam simul id factum est, multis diluta labella
  Guttis abstersisti omnibus articulis;
Ne quidquam nostro contractum ex ore maneret,
  Tanquam comminctæ spurca saliva lupæ.
Præterea infesto miserum me tradere amori
  Non cessasti, omnique excruciare modo;
Ut mi ex ambrosio mutatum jam foret illud
  Suaviolum tristi tristius helleboro.
Quam quoniam pœnam misero proponis amori,
  Non unquam posthac basia surripiam.

C.

DE COELIO ET QUINTIO.

Coelius Aufilenum, et Quintius Aufileuam,
  Flos Veronensium depereunt juvenum;
Hic fratrem, ille sororem. Hoc est, quod dicitur, illud
  Fraternum vere dulce sodalitium.

XCIX.

A JUVENTIUS.

Aimable Juventius, je t'ai ravi en jouant un baiser plus doux que la douce ambroisie! Mais hélas! ce baiser m'a coûté bien cher! pendant plus d'une heure, en proie au plus cruel supplice, j'ai tâché vainement de me justifier; mes pleurs, mes sanglots, rien n'a pu désarmer ta rigueur inflexible. A peine t'avais-je dérobé cette caresse, que, pour effacer jusqu'à la moindre trace du contact de ma bouche, tu as essuyé de tes deux mains tes lèvres humectées de mes larmes, comme si une immonde courtisane les eût souillées de son impure salive. C'était peu: tu m'as fait long-temps éprouver tous les tourmens d'un amour dédaigné; tu as changé pour moi en un poison plus amer que l'ellébore la douce ambroisie de ce baiser. Cruel! si tel est le châtiment que tu réserves à l'amour le plus tendre, je ne m'aviserai de ma vie de te ravir un baiser.

C.

SUR CÉLIUS ET QUINTIUS.

Célius et Quintius, la fleur des jeunes gens de Vérone, brûlent d'amour, l'un pour Aufilenus, l'autre pour Aufilena; l'un pour le frère, l'autre pour la sœur. Certes, voilà ce qui s'appelle une aimable confraternité! Pour qui

Quoi faveam potius? Cœli, tibi.: nam tua nobis
   Perspecta exigit hoc unica amicitia,
Quum vesana meas torreret flamma medullas.
   Sis felix, Cœli, sis in amore potens.

CI.

INFERIÆ AD FRATRIS TUMULUM.

Multas per gentes, et multa per æquora vectus
   Adveni has miseras, frater, ad inferias,
Ut te postremo donarem munere mortis,
   Et mutum nequicquam alloquerer cinerem;
Quandoquidem fortuna mihi tete abstulit ipsum;
   Heu miser indigne frater adempte mihi.
Nunc tamen interea prisco quæ more parentum
   Tradita sunt tristes munera ad inferias,
Accipe, fraterno multum manantia fletu;
   Atque in perpetuum, frater, have atque vale.

CII.

AD CORNELIUM.

Si quidquam tacite commissum est fido ab amico,
   Quojus sit penitus nota fides animi;

seront mes vœux ? pour toi, Célius ; oui, c'est un devoir que m'impose l'amitié dont tu m'as donné tant de preuves, lorsque mon cœur était consumé des feux d'un amour insensé. Sois heureux en amour, ô Célius! et puisse ta vigueur répondre à tes désirs!

CI.

AUX MANES DE SON FRÈRE.

J'ai traversé les terres et les mers pour venir, ô mon frère, aux lieux où tu reposes, rendre à tes restes les derniers devoirs, et interroger en vain ta cendre désormais muette. Puisqu'un destin barbare, t'enlevant à mon amour, me prive, hélas! pour toujours du bonheur de te revoir, permets du moins que, fidèle aux pieux usages de nos pères, je dépose sur ta tombe ces tristes offrandes baignées de mes larmes. Adieu donc, ô mon frère, adieu pour jamais!

CII.

A CORNELIUS.

Si jamais il exista un mortel d'une discrétion éprouvée et qui sut garder fidèlement le secret confié par un

Me unum esse invenies illorum jure sacratum,
  Corneli, et factum me esse puta Harpocratem.

CIII.

AD SILONEM.

Aut, sodes, mihi redde decem sestertia, Silo,
  Deinde esto quamvis sævus et indomitus;
Aut, si te nummi delectant, desine, quæso,
  Leno esse, atque idem sævus et indomitus.

CIV.

AD QUEMDAM DE LESBIA.

Credis, me potuisse meæ maledicere vitæ,
  Ambobus mihi quæ carior est oculis?
Nec potui; nec, si possem, tam perdite amarem;
  Sed tu cum caupone omnia monstra facis.

ami, ce mortel, ô Cornelius! pour qui la foi du serment fut toujours sacrée, c'est Catulle : tu trouveras en lui un second Harpocrate.

CIII.

A SILON.

Ou rends-moi, Silon, mes dix mille sesterces, et sois ensuite aussi insolent, aussi brutal qu'il te plaira ; ou, si l'argent a pour toi tant de charmes, borne-toi, je te prie, à ton métier d'entremetteur, et cesse d'être en même temps insolent et brutal.

CIV.

A UN QUIDAM SUR LESBIE.

Crois-tu donc que j'aie pu médire de mon amie, de celle qui m'est plus chère que mon existence? Non, cela est impossible; si je pouvais médire de Lesbie, je ne l'aimerais pas si éperdument. Mais toi et le cabaretier que tu fréquentes, vous faites un monstre de la moindre vétille.

CV.

IN MENTULAM.

Mentula conatur Pimplæum scandere montem;
Musæ furcillis præcipitem ejiciunt.

CVI.

DE PUERO ET PRÆCONE.

Cum puero bello præconem qui videt esse,
Quid credat, nisi se vendere discupere?

CVII.

AD LESBIAM.

Si quidquam cupido optantique obtigit unquam, et
    Insperanti, hoc est gratum animo proprie;
Quare hoc est gratum, nobis quoque carius auro,
    Quod te restituis, Lesbia, mi cupido.
Restituis cupido, atque insperanti ipsa refers te
    Nobis. O lucem candidiore nota!
Quis me uno vivit felicior, aut magis hac quid
    Optandum vita, dicere quis poterit?

CV.

CONTRE MENTULA.

Mentula s'efforce en vain de gravir l'Hélicon; les Muses à coups de fourche l'en font descendre la tête la première.

CVI.

LE JEUNE GARÇON ET LE CRIEUR PUBLIC.

En voyant ce jeune et beau garçon auprès d'un crieur public, que doit-on en penser, sinon qu'il cherche un chaland?

CVII.

A LESBIE.

Si quelque évènement inespéré vient combler les vœux les plus ardens d'un mortel, rien n'égale alors son bonheur. Celui que j'éprouve en ce jour est plus précieux pour moi que tous les trésors: Lesbie, mes amours, revient à moi. Il est donc vrai, ma chère Lesbie, que je croyais perdue sans retour; Lesbie se rend à moi. O jour fortuné! est-il un mortel plus heureux que moi? en est-il un seul qui ait autant de droits à chérir l'existence?

CVIII.

IN COMINIUM.

Si, Comini, populi arbitrio tua cana senectus
  Spurcata impuris moribus intereat;
Non equidem dubito, quin primum inimica bonorum
  Lingua exsecta avido sit data volturio;
Effossos oculos voret atro gutture corvus,
  Intestina canes, cetera membra lupi.

CIX.

AD LESBIAM.

Jucundum, mea vita, mihi proponis amorem
  Hunc nostrum inter nos, perpetuumque fore.
Di magni, facite, ut vere promittere possit;
  Atque id sincere dicat et ex animo:
Ut liceat nobis tota producere vita
  Æternum hoc sanctæ fœdus amicitiæ.

CX.

AD AUFILENAM.

Aufilena, bonæ semper laudantur amicæ;
  Accipiunt pretium, quæ facere instituunt.

CVIII.

CONTRE COMINIUS.

Si, au gré d'un peuple indigné, la mort, ô Cominius, venait mettre un terme à ta vieillesse souillée par les mœurs les plus dépravées, je ne doute point que ta langue, ennemie de tous les gens de bien, ne fût d'abord coupée et livrée à l'avide vautour ; le noir corbeau creuserait à coups de bec et dévorerait tes yeux ; tes entrailles seraient jetées aux chiens, et les loups se disputeraient le reste de tes membres.

CIX.

A LESBIE.

Tu me promets, ô ma vie ! que les doux liens de notre amour seront éternels : grands dieux ! faites que cette promesse soit sincère, et que son cœur soit de moitié dans les sermens que fait sa bouche ! Puissent les nœuds sacrés qui nous unissent durer jusqu'au terme de notre existence !

CX.

A AUFILENA.

Aufilena, on louera toujours une maîtresse fidèle à ses promesses, et celle qui fait profession de galanterie

Tu quod promisti mihi, quod mentita, inimica es,
  Quod nec das, et fers sæpe, facis facinus.
Aut facere ingenuæ est, aut non promisse pudicæ,
  Aufilena, fuit. Sed data corripere
Fraudando, efficitur plus quam meretricis avaræ,
  Quæ sese toto corpore prostituit.

CXI.

AD AUFILENAM.

Aufilena, viro contentas vivere solo,
  Nuptarum laus e laudibus eximiis.
Sed quoivis quamvis potius succumbere fas est,
  Quam matrem fratres efficere ex patruo.

CXII.

IN NASONEM.

Multus homo es, Naso; nam secum multus homo est qui
  Descendit: Naso, multus es et pathicus.

reçoit le prix de ses faveurs. Mais toi, qui promets toujours sans jamais tenir, toi, qui prends souvent sans rien rendre, tu mérites, pour ce crime, d'être traitée en ennemie. Il est d'une bonne fille de faire ce qu'elle a promis, et d'une fille honnête de ne rien promettre. Mais garder l'argent et la marchandise, c'est une escroquerie dont rougirait la courtisane la plus avide, même celle qui se prête aux plus honteuses complaisances.

CXI.

A AUFILENA.

Aufilena, la plus grande gloire d'une femme mariée, c'est de rester fidèle à son époux. Mais il vaudrait mieux qu'une femme se livrât au premier venu, plutôt que de vivre avec son oncle, et d'être la mère de ses cousins germains.

CXII.

CONTRE NASON.

Tu es un fier homme, Nason! car il faut être un fier homme pour se servir ainsi à soi-même de lame et de fourreau. Oui, Nason, tu es un fier homme, et tu es ton propre mignon.

CXIII.

AD CINNAM.

Consule Pompeio primum duo, Cinna, solebant
  Moechi : illo facto consule nunc iterum
Manserunt duo; sed creverunt millia in unum
  Singula : foecundum semen adulterio.

CXIV.

IN MENTULAM.

Formiano saltu non falso Mentula dives
  Fertur; qui quot res in se habet egregias!
Aucupia omne genus, pisces, prata, arva ferasque.
  Nequicquam : fructus sumptibus exsuperat.
Quare concedo sit dives, dum omnia desint.
  Saltum laudemus, dum modo ipse egeat.

CXV.

IN MENTULAM.

Mentula habet instar triginta jugera prati;
  Quadraginta arvi : cetera sunt maria.

CXIII.

A CINNA.

Sous le premier consulat de Pompée, Rome ne comptait que deux adultères; son second consulat n'en vit pas davantage; mais chacun d'eux en a produit des milliers d'autres : tant l'adultère est une semence féconde !

CXIV.

CONTRE MENTULA.

La terre de Formies suffit sans doute pour faire à Mentula la réputation d'homme riche : que de trésors en effet renferme ce domaine ! toute espèce de chasse, poisson, gibier, prairies, terres à blé, tout s'y trouve. Mais à quoi bon? la dépense excède le revenu. Permis donc à Mentula d'être riche, pourvu qu'il manque de tout dans l'opulence. Vantons même son domaine, pourvu qu'il y meure de faim.

CXV.

CONTRE LE MÊME.

Mentula a environ trente arpens de prés, quarante de terres labourables : quant à ses étangs, ce sont de vé-

Cur non divitiis Crœsum superare potis sit?
    Uno qui in saltu tot bona possideat;
Prata, arva, ingentes silvas, saltusque, paludesque,
    Usque ad Hyperboreos et mare ad Oceanum?
Omnia magna hæc sunt: tamen ipse est maximus ultro,
    Non homo, sed vere Mentula magna minax.

CXVI.

AD GELLIUM.

Sæpe tibi studioso animo venanda requirens
    Carmina uti possem mittere Battiadæ,
Queis te lenirem nobis, neu conarere
    Infestum telis mî terere usque caput;
Hunc video mihi nunc frustra sumptum esse laborem,
    Gelli, nec nostras hinc valuisse preces.
Contra nos tela ista tua evitamus amictu;
    At fixus nostris tu dabi' supplicium.

ritables mers. Ne pourrait-il pas prétendre à surpasser Crésus en richesses, celui qui, dans un seul domaine, possède tant de trésors : prés, champs, forêts immenses, marais qui s'étendent, d'un côté, jusqu'aux monts Hyperborées, de l'autre, jusqu'à l'Océan ? Tout cela sans doute est bien grand ; mais Mentula l'est encore plus : car ce n'est pas un homme, mais véritablement une énorme et menaçante mentule.

CXVI.

A GELLIUS.

Souvent j'ai cherché dans mon esprit par quel moyen je pourrais te faire parvenir des vers de Callimaque pour calmer ton courroux, et soustraire ma tête aux traits vengeurs dont tu ne cesses de la menacer ; mais, je le vois trop, mes efforts sont inutiles, mes prières sont vaines : lance donc tes traits, mon manteau suffira pour m'en garantir ; mais les miens te perceront d'outre en outre, et t'infligeront un éternel supplice.

NOTES

SUR LES POÉSIES DE CATULLE.

I.

AD CORNELIUM NEPOTEM. Il paraît que le Cornelius Nepos auquel Catulle a dédié son livre, est le même qui a composé les *Vies de grands capitaines*. Outre cet ouvrage, Cornelius en avait écrit plusieurs autres que le temps a détruits, entre autres des *Chroniques* en trois livres, que Catulle rappelle ici par ces mots : *tres chartæ*. En effet, les Romains appelaient communément *chartæ* les livres que les Grecs désignaient aussi par le mot de χάρται ; on en voit une preuve dans ce vers d'Horace, *Épîtres*, liv. II, ép. 1 :

> Serus enim Græcis admovit acumina chartis.

Quod, o patrona Virgo (v. 9). Ces mots désignent Minerve, qui était chez les anciens la vierge par excellence. On lit dans plusieurs éditions *patrima* au lieu de *patrona* ; ce qui ne change point le sens, mais seulement fait allusion à ce que Minerve, sortie tout armée du cerveau de Jupiter, avait un père et point de mère.

II.

AD PASSEREM LESBIÆ. Le docte Politien, Lampridius et Turnèbe ont cru reconnaître, dans le moineau de Lesbie, une allégorie obscène. Je ne vois rien qui justifie cette opinion. Certes, Catulle n'était pas homme à emprunter le voile de l'allégorie pour dire une polissonnerie : il préférait la vérité toute nue, et même toute crue ; et c'est au moins une peine inutile que de vouloir découvrir des équivoques libertines là où il n'en a point mis ; il est trop riche en ce genre, pour qu'on ait besoin de lui rien prêter.

Quam ferunt puellæ Pernici aureolum fuisse malum (v. 11). Allusion à la fable si connue d'Atalante, qui se laissa gagner de vitesse pour une orange. Il fallait ou que les oranges fussent bien rares alors, ou qu'Atalante eût bonne envie de se laisser vaincre par Hippomène.

III.

Si l'hypothèse de Politien, dont nous avons parlé plus haut, avait quelque fondement, que signifieraient alors ces regrets sur la mort du moineau de Lesbie? l'allégorie deviendrait inintelligible. C'est donc, de la part de Politien, une supposition tout-à-fait gratuite.

Lugete, o Veneres, Cupidinesque (v. 1). On voit, dans cette pièce charmante, une preuve nouvelle de l'art avec lequel les anciens savaient faire contraster les idées sombres avec les idées riantes. Ils faisaient figurer dans leurs fêtes des têtes de morts couronnées de fleurs ; ils mariaient les roses aux cyprès. Lisez Horace, Tibulle, Anacréon, vous trouverez dans leurs pièces les plus gaies des allusions à la mort. Le christianisme, en donnant un but plus noble à notre vie, en la considérant comme un passage à une vie meilleure, aurait dû bannir de la poésie moderne ces défis à la mort, qui, chez les anciens, étaient une conséquence naturelle de leurs croyances toutes matérielles. Cependant la plupart de nos chansonniers ont reproduit ces idées sur la brièveté de la vie, et sur la sagesse d'en consacrer au plaisir les courts instans : elles se résument à peu près toutes dans cette chanson si connue :

> Nous n'avons qu'un temps à vivre,
> Amis, passons-le gaîment.

IV.

Phaselus ille, quem videtis, hospites (v. 1). L'espèce d'embarcation que les Romains appelaient *phaselus*, était un navire long et étroit d'une admirable vélocité, dont on se servait particulièrement sur les côtes de Naples. Vossius entre à ce sujet dans de longues dissertations qui ne prouvent rien, sinon que leur auteur était un fort savant homme, ce dont personne ne doute. La Chapelle, un des traducteurs, ou plutôt un des paraphrastes de Catulle, débute ainsi dans son imitation de ce morceau :

> Ce petit brigantin
> Jadis sur l'Océan eut un heureux destin.

Ce n'est pas là traduire, mais travestir un auteur. Au reste, du temps de M. La Chapelle, on n'y regardait pas de si près : maintenant, en faisant mieux que lui, on obtiendrait moins de succès.

Cette pièce est écrite en ïambes purs, c'est-à-dire en pieds de deux syllabes, dont la première est brève et la seconde longue. Ce vers, nommé aussi *senarius*, parce qu'il renferme six ïambes, est très-difficile à manier. C'est le plus grand, et peut-être le seul mérite de ce poëme votif, qui n'est d'ailleurs rempli que de détails géographiques assez insignifians.

V.

Vivamus ; mea Lesbia, atque amemus. Voici une des pièces où respirent toute la grâce et toute la verve de Catulle, et qui en feraient peut-être le plus grand poète érotique de l'antiquité, s'il n'avait pas dégradé sa lyre par des vers que ne peut même justifier la licence latine. Tibulle et Properce n'ont rien de plus joli que ce morceau qui a été imité par un grand nombre de poètes français. Parmi ces imitations, nous n'en citerons que deux, la plus ancienne et la plus nouvelle. La première est de Baïf ; elle ne manque, dans son vieux langage, ni de grâce ni de vivacité :

> Vivons, mignonne, vivons,
>   Et suivons
> Les ébats qu'Amour nous donne,
> Sans que des vieux rechignés,
>   Renfrognés
> Le sot babil nous étonne.
>
> Les jours qui viennent et vont
>   Se refont ;

NOTES.

> Le soleil mort se relève :
> Mais une trop longue nuit,
>   Las! nous suit
> Après une clarté brève.
>
> Tandis que nous la voyons,
>   Employons
> Ce doux vivre, ô ma Méline!
> Çà donc, mignonne, viens-t'en,
>   Et me tend
> Ta bouchette coraline.

La seconde est de M. Mollevaut, dont la traduction jouit d'une réputation méritée :

> Vivons, ô Lesbie! aimons-nous,
> Et de la sévère vieillesse
> Défions les propos jaloux.
> Le soleil meurt, renaît sans cesse;
> Mais, s'il meurt le feu de nos jours,
> L'éternel nuit qui nous presse
> Nous tient endormis pour toujours.
> Ah! donne à l'amant qui t'adore,
> Donne cent baisers, puis deux cents,
> Puis mille, puis deux cents encore,
> Puis mille et mille renaissans.....
> Mêlons ces baisers, ô ma vie!
> De leur nombre je veux douter,
> Et si souvent les répéter,
> Que l'œil fatigué de l'envie
> Désespère de les compter.

Ne quis malus invidere possit (v. 12). C'était une superstition commune chez les anciens, que l'œil d'un envieux pouvait ensorceler les objets sur lesquels il s'arrêtait long-temps, comme on le voit dans ce vers des *Bucoliques* de Virgile :

> Nescio quis teneros oculus mihi fascinat agnos.

Mais le *mauvais œil* ne pouvait jeter un sort sur les choses dont le nombre était ignoré. Muret nous apprend que les villageois de son temps se faisaient un scrupule de compter leurs troupeaux et les fruits de leurs arbres. C'est apparemment l'origine de ce proverbe : *Brebis comptées, le loup les mange.*

VI.

Nescio quid febriculosi Scorti diligis (v. 4). J'ai tâché de rendre la force de ces mots latins par ceux-ci : *Tu aimes je ne sais quelle courtisane aux caresses fiévreuses*, pour indiquer que chez ces sortes de femmes l'amour n'est point un élan de l'âme, mais une fièvre de sens. Peut-être ai-je cherché trop loin ce qu'il fallait rendre d'une manière plus littérale.

VII.

Quæris, quot basiationes (v. 1). Encore un calcul des baisers à l'infini! Il fallait que Catulle fût un rude jouteur en ce genre; car je soupçonne que les baisers dont il parle ici ne sont pas de ceux qu'une sœur donne à son frère.

Et Batti veteris sacrum sepulcrum (v. 6). Battus, fondateur de Cyrène, métropole de la Cyrénaïque ou Libye Pentapole. Le véritable nom de Battus était Aristote : on lui avait donné le surnom de *Battus* parce qu'il était bègue. On rapporte qu'il fut guéri de cette infirmité de la manière suivante. Un jour qu'il faisait une excursion dans les déserts de l'Afrique, l'aspect imprévu d'un lion formidable lui causa une telle épouvante qu'il jeta des cris très-aigus et très-distincts pour appeler au secours. L'histoire attribue à une cause à peu près semblable la guérison du fils de Crésus, qui était muet de naissance.

Nec mala fascinare lingua (v. 12). Quelques commentateurs lisent *maga* au lieu de *mala*; le sens est toujours à peu près le même, mais *mala* est plus élégant, plus latin; c'est ainsi que Virgile a dit :

...................Baccare frontem
Cingite, ne vati noceat *mala lingua* futuro.
(*Bucol.*, ecl. vii, v. 28.)

VIII.

Ibi illa multa tam jocosa fiebant (v. 6). Voici comment M. de La Chapelle a imité ce charmant passage :

> Cette ingrate beauté, que ton âme charmée
> A toujours trop aimée,
> Se plaisait à venir, dans ces lieux écartés,
> Soulager l'ardeur qui te presse,
> Et permettre à ta tendresse
> *Mille petites libertés.*

Il me semble que M. de La Chapelle se permet une bien grande liberté, en attribuant à Catulle de semblables platitudes.

Quæ tu volebas, nec puella nolebat (v. 7). Ce vers ne rappelle-t-il pas le doux *nenni* qui plaît tant à Marot?

At tu dolebis, quum rogaberis nulla (v. 14). On trouve dans Horace (*Épode* xv, v. 11) une pensée à peu près semblable :

> O dolitura mea multum virtute Neæra!
> Nam si quid in Flacco viri est,
> Non feret assiduas potiori te dare noctes,
> Et quæret iratus parem.

Quoi labella mordebis (v. 18)? C'est ce que Plaute appelle :

> Teneris labellis molles morsiunculæ;

et ce qu'Horace exprime élégamment par ce tour :

> ....Sive puer furens
> Impressit memorem dente labris notam.

IX.

Jucundum os, oculosque suaviabor (v. 9). La tendresse de ces expressions a fait, dit Pezay, prendre cet hommage à l'amitié pour un outrage à l'amour. Il est vrai que Catulle a plus d'une fois donné lieu à des soupçons de ce genre; mais, ici, ils seraient injustes. Le baiser sur la bouche était sans conséquence chez les anciens, et même chez nos ancêtres. C'est ainsi que dans

Homère (*Odyssée*, liv. XVI, v. 15), le bon Eumée accueillant Télémaque à son retour en Ithaque :

Κύσσε δέ μιν κεφαλήν τε, καὶ ἄμφω φάεα καλά.

X.

Varrus me meus ad suos amores (v. 1). Le Varrus dont il est question dans cette pièce, n'est pas le fameux Varus qui fut taillé en pièces par les Germains avec ses trois légions; car cette défaite de Varus n'eut lieu que plus de cinquante ans après la mort de Catulle. C'est plutôt cet Alphenus Varrus qui, de barbier ou cordonnier, devint un célèbre jurisconsulte et s'éleva aux honneurs du consulat. Il était de la secte d'Épicure et laissa plusieurs écrits.

Cette pièce a pour sujet une anecdote fort agréablement racontée par Catulle. On y voit un tableau fidèle de l'avidité des courtisanes de cette époque, et rien n'est plus plaisant que l'embarras où se trouve notre poète, lorsqu'apprenant de lui qu'il a ramené des porteurs de Bithynie, la maîtresse de Varrus le prie de les lui prêter pour aller au temple de Serapis : la manière dont il s'en tire est assez adroite, et la réflexion qui termine le tout nous avertit qu'il est des gens avec lesquels il faut se tenir sur ses gardes, et auxquels il ne faut jamais rien offrir légèrement, parce qu'ils sont toujours prêts à vous prendre au mot.

Scortillum..... Non sane illepidum, nec invenustum (v. 3). Ces expressions ont une grâce qu'il est difficile de soupçonner dans cette traduction de Marolle : *Je vis sa petite coquette qui, à la vérité, n'était pas trop malpropre.*

XI.

Les commentateurs pensent que Furius et Aurelius, ces deux amis auxquels Catulle adresse cette espèce d'ode dont le ton, digne d'Horace, tranche tout-à-fait avec les pièces qui précèdent, sont, le premier, Furius Bibaculus, poète élégant et d'un esprit caustique, qui fit des épigrammes contre César, et dont les anciens ont fait l'éloge en plusieurs endroits; et le second, L. Aurelius Cotta, préteur, qui promulga la loi qui rendait à l'ordre équestre le droit de prononcer des jugemens. Toutefois, nous pensons avec Volpi qu'on ne peut rien affirmer à cet égard, attendu qu'à l'époque où écrivait Catulle, l'histoire fait mention d'un grand nombre de Furius et d'Aurelius.

Cette pièce semble avoir inspiré à Horace l'idée et la forme de son ode 6 du liv. II *à Septimius :*

> Septimi, Gades aditure mecum, et
> Cantabrum indoctum juga ferre nostra, et
> Barbaras Syrtes, ubi Maura semper
> Æstuat unda.

Seu Sacas, sagittiferosque Parthos (v. 6). Les Saces étaient un peuple voisin de la Scythie. Quant aux Parthes, leur réputation d'habiles archers était proverbiale chez les Romains, et a inspiré à notre Racine ce vers, trop joli peut-être pour la tragédie :

> Elle fuit, mais en Parthe, en me perçant le cœur.

Cæsaris videns monumenta magni (v. 10). L'éloge que renferme ce vers a fait conjecturer, avec quelque apparence de raison, que cette pièce fut écrite avant que César eût pris les armes contre sa patrie. Catulle, en effet, ne fut l'ennemi de César que lorsque César fut devenu l'ennemi de Rome.

Nullum amans vere, sed identidem omnium Ilia rumpens (v. 19). Ce passage caractérise admirablement une courtisane, et l'expression *ilia rumpens* est pleine d'énergie. Properce l'a reproduite presque identiquement dans ce vers de son élégie 16 du liv. II :

> Rumpat ut assiduis membra libidinibus.

Flos, prætereunte postquam Tactus aratro est (v. 23). Virgile, en imitant cette idée, l'a embellie :

> Purpureus veluti quum flos, succisus aratro,
> Languescit moriens......

Et l'Arioste, à son tour, a traduit avec bonheur le vers et demi de Virgile :

> Come purpureo fior languendo more,
> Che 'l vomere al passar tagliato lassa.

XII.

Les commentateurs ne sont d'accord ni sur l'Asinius auquel s'adresse cette pièce, ni sur le surnom de *Marrucinus* que Catulle lui donne. Nous nous dispenserons de rapporter leurs diverses conjectures. Ce qu'il y a de certain, c'est que les Marrucins étaient un peuple d'Italie, entre les Vestins et les Péligniens, qui s'était fait remarquer par sa fidélité envers les Romains. Catulle ne lui rappelait peut-être son pays que pour mieux faire ressortir le contraste de ses penchans vicieux avec le caractère honorable de ses compatriotes.

Tollis lintea negligentiorum (v. 3). Cet Asinius ressemblait, à ce qu'il paraît, au père de Petit-Jean des *Plaideurs* :

> Il eût du buvetier emporté les serviettes,
> Plutôt que de rentrer au logis les mains nettes.

Plusieurs épigrammes de Martial prouvent qu'il y avait chez les Romains un grand nombre d'industriels qui *faisaient la serviette de la main gauche*; ce qui leur était d'autant plus facile, dit Volpi, qu'ils tenaient ordinairement cette main cachée sous leur manteau : aussi Plaute lui donne-t-il l'épithète de *furtifica*, et Ovide celle de *nata ad furta*.

Crede Pollioni fratri (v. 6). Ce vers nous paraît laisser peu de doute sur l'identité du frère d'Asinius avec cet Asinius Pollion, poète, ami de Virgile et d'Horace, qui joua un si grand rôle sous Auguste.

XIII.

Catulle me semble dans ces vers avoir résolu le grand problème de *l'Avare* de Molière, à savoir de *faire un bon dîner avec peu d'argent*; car, comme le dit très-bien Harpagon : *Faire un bon dîner avec beaucoup d'argent, il n'est si petit esprit qui n'en fît autant.* Voici donc le stratagème dont s'avise Catulle: il invite à souper son ami Fabullus, homme riche, sans doute, et il lui écrit : « Apportez avec vous bon vin et bonne chère, sans oublier fille jolie, de la gaîté et force bons mots, et je vous ferai faire un charmant souper. » En échange, et pour payer son écot, Catulle lui promet un parfum délicieux qui lui fera regretter de n'être pas tout nez des pieds à la tête. De nos jours, une pareille invitation aurait l'air d'une mauvaise plaisanterie; car il n'est pas d'expéditionnaire à douze cents francs qui ne se croie obligé, pour recevoir un ami, de dépenser plusieurs mois de ses appointemens. Du temps de Catulle on pensait autrement, et peut-être n'avait-on pas tort; et puis, comment se fâcher contre un poète qui confesse si gaîment sa pauvreté : *Tui Catulli plenus sacculus est aranearum;* ce qu'un de nos vieux poètes a traduit ainsi :

> Des araignées tous les jours
> Font leurs toiles dans ma pochette.

XIV.

Odissem te odio Vatiniano (v. 3). Une haine vatinienne était une expression proverbiale chez les Romains, et l'on peut voir, dans le discours de Cicéron contre Vatinius, que si ce dernier était la bête noire de tous les gens de bien, ce n'était pas sans motif.

Sulla litterator (v. 9). Les commentateurs donnent à ce Sylla les surnoms de Cornelius Epicadus, et le font affranchi de Lucius Cornelius Sylla : *Videant doctiores.* Ce qui est constant, c'est que, chez les anciens, le mot *litterator* avait un sens moins étendu que chez nous; il signifiait simplement un grammairien qui interprète les poètes. Il ne correspond donc en aucune manière au mot *homme de lettres*, qui, chez nous, s'applique aux écrivains de tous genres, depuis le poëme épique jusqu'à la charade.

Saturnalibus, optimo dierum (v. 15). Ce vers prouve deux choses : la première, que les Romains s'envoyaient mutuellement des présens pendant les Saturnales; la seconde, que ces présens étaient quelquefois des plaisanteries, ce que nous appelons des *poissons d'avril*. De ce genre étaient sans doute les livres que Calvus Licinius avait envoyés à Catulle. Aussi promet-il d'en tirer une vengeance éclatante en lui envoyant à son tour les écrits des Césius, des Aquinius, des Suffenus et autres écrivains de même force.

J'ai retranché à la fin de cette pièce quatre vers qui n'ont aucun rapport avec ceux qui précèdent, et qui sont évidemment une interpolation de quelque éditeur ignorant et maladroit. Quant au vers énergique qui les termine :

Pædicabo ego vos et inrumabo,

on le retrouvera dans la pièce xvi, *ad Aurelium et Furium*, où il me semble beaucoup mieux placé.

XV.

Veniam peto pudentem (v. 2). Dans ce vers, *pudentem veniam* ne signifie pas une *demande honteuse* dont on a à rougir, mais une *demande modeste, juste, raisonnable*.

Infesto pueris bonis, malisque (v. 10). Ce serait un contresens, que de rapporter ces deux épithètes, *bonis*, *malisque*, aux mœurs bonnes ou mauvaises de ces jeunes garçons.

Ut nostrum insidiis caput lacessas (v. 16). Quelques commentateurs ont tort de faire rapporter ces mots *nostrum caput* à l'objet des amours de Catulle; ils désignent ici Catulle lui-même, et répondent à cette expression française : *Il en veut à son front,* pour dire, il courtise sa femme ou sa maîtresse.

Quem attractis pedibus, etc. (v. 18). Ces vers font allusion au supplice que les Athéniens infligeaient aux adultères de bas étage surpris en flagrant délit; car, pour les citoyens riches et puissans, ils trouvaient, comme de nos jours, moyen de se tirer d'affaire. Voici comment Parthenius décrit ce supplice : « Deprehensos quadrupedes constituebant, ac partibus posterioribus violenter expilatis grandiores raphanos aut mugiles, summo cum cruciatu immittebant. » On nous dispensera d'expliquer le sens, d'ailleurs assez clair, de ce passage; nous ferons seulement observer que *raphanos grandiores* signifie de *grosses raves*, et *mugiles*, des *mulets*, espèce de poisson fort recherché des anciens, et dont Pline, Juvénal et Pétrone ont parlé. Un Turc, en pareil cas, ferait empaler le galant, supplice analogue à celui dont parle Catulle, mais dont les suites sont plus sérieuses.

XVI.

Pædicabo ego vos, et inrumabo (v. 1). Je pense, avec M. Naudet, qu'il ne faut pas prendre ces expressions à la lettre, comme l'a fait Doëring. Ces mots, comme il le remarque très-bien, avaient, par un fréquent usage, perdu une grande partie de leur énergie primitive, et n'avaient plus qu'un sens vague de menace et d'insulte, comme les F... et les B... dont chez nous les gens du peuple sont si prodigues dans leurs disputes. Je n'ai donc pas cru devoir traduire littéralement *pædicabo* et *inrumabo*, dont on peut trouver la signification dans le *Glossarium eroticum linguæ latinæ*. La traduction qu'en donne Marolle est curieuse : *Je vous ferai d'étranges choses.*

Nam castum esse decet pium poetam, etc. (v. 5). Il ne faut admettre qu'avec réserve cette excuse de Catulle, qui prétend que le poète peut être libertin dans ses vers, pourvu qu'il soit chaste dans ses mœurs. Je ne crois pas d'ailleurs qu'il faille se fier beaucoup à la chasteté de Catulle, qui me paraît avoir sur ce sujet des principes singulièrement élastiques. Au reste, presque tous les poètes érotiques latins ont employé cette justification. Ovide (*Tristes*, liv. II, élég. unique, v. 353) a dit :

> Crede mihi, mores distant a carmine nostri :
> Vita verecunda est, Musa jocosa mihi ;
> Magnaque pars operum mendax et ficta meorum
> Plus sibi permisit compositore suo ;
> Nec liber indicium animi, etc.

Et Martial :

> Lasciva est nobis pagina, vita proba est.

Quod millia multa basiorum Legistis (v. 12). Allusion aux pièces V et VI adressées à Lesbie.

XVII.

O Colonia ! quæ cupis ponte ludere longo (v. 1). On ne sait rien de certain sur le lieu où il faut placer cette Colonia. Muret soupçonne que c'était une petite ville située auprès de Vérone, qui porte encore ce nom. Scaliger et Vossius croient y trouver Côme, colonie romaine fondée par César vers cette époque, sous le nom de *Novi-Comum.* Corradini prétend que c'est *Sirmium.* Quoi qu'il en soit, cette pièce offre un objet curieux de comparaison avec la sixième élégie du liv. 1 de Tibulle :

Semper, ut inducar, blandos offers mihi vultus,

où l'amant de Délie tourne en ridicule le mari de sa maîtresse, mais avec bien plus de grâce et de délicatesse que Catulle.

In quo vel Salisubsulis sacra suscipiantur (v. 6). Par le mot *Salisubsuli,* il faut, sans aucun doute, entendre les *Saliens,* prêtres de Mars, qui célébraient leurs cérémonies sacrées par des sauts et des gambades de saltimbanques. C'est ce que Catulle a voulu rendre par ce mot qui fait image.

Puella tenellulo delicatior hædo (v. 15). C'est ainsi qu'Ovide (*Métamorphoses,* liv. XIII, v. 71) a dit, en parlant de Galatée : *Tenero lascivior hædo.* Ce que notre poète a exprimé en une seule image, Théocrite l'a rendu en deux (idylle XI, v. 20) : Ἀπα-λωτέρα δ' ἀρνὸς, Μόσχῳ γαυροτέρα.

Asservanda nigerrimis diligentius uvis (v. 16). Un grand nombre de poètes se sont servis de cette comparaison. Théocrite a dit, dans l'idylle ci-dessus citée : Φιαρωτέρα ὄμφακος ὠμᾶς, et Horace : *Tolle cupidinem immitis uvæ.*

Talis iste meus stupor nil videt, nihil audit (v. 21). Le lecteur remarquera, sans doute, cette expression si concise et si énergique, *meus stupor,* au lieu de *homo noster stupidus.* Phèdre l'a imitée avec succès dans sa fable du *Renard et le Corbeau* : CORVI STUPOR.

XVIII.

Cette pièce et les deux suivantes se trouvent insérées dans les *Catalectes* de Virgile, mais sont généralement attribuées à Catulle. Les détails qu'elles renferment pouvaient avoir quelque prix pour les anciens, mais ne nous offrent que des lieux communs qui nous dispensent de les annoter; nous ne pouvons toutefois nous dispenser de remarquer les deux vers qui terminent la seconde de ces priapées :

> Vicinus prope dives est, negligensque Priapus.
> Inde sumite, semita hæc deinde vos feret ipsa.

On ne peut qu'admirer la morale du dieu des jardins, qui, voulant éloigner les voleurs de l'enclos qu'il protège, leur conseille charitablement de faire main basse sur la propriété d'un riche voisin, et prend même la peine de leur en indiquer le chemin!

XXI.

On doit à La Monnaye une imitation assez jolie de cette pièce, d'ailleurs une des plus médiocres de Catulle, à mon avis :

> Coquin, passant tous les coquins passés,
> Présens, futurs, aurais-tu l'insolence
> De m'extorquer le blondin que tu sais?
> Je te le vois courir en ma présence,
> Derrière lui te glisser. Ah! tout beau!
> Je saurai, moi, te châtier en face.
> Si de grands biens t'inspiraient cette audace,
> Je me tairais. Mais, quoi! le jouvenceau
> Serait chez toi réduit à la besace,
> La soif, la faim le mettraient au tombeau.
> Or, avec lui trêve de badinage,
> Sinon ton bec courra même hasard.
> Pour ton honneur hâte-toi d'être sage,
> Tu pourrais bien le devenir trop tard.

XXII.

La métromanie dont Catulle raille, avec beaucoup de sel et de grâce, ce Suffenus, homme d'ailleurs aimable, beau diseur et plein d'urbanité, est un de ces travers qui se reproduisent dans tous les temps et chez toutes les nations. Qui de nous, par exemple, n'a pas entendu parler de l'*inversif vicomte*, de ses romans fantastiques et de son poëme d'*Ipsiboé?* Mais plus heureux que le Lycophron romain, le nôtre, malgré l'extravagance bizarre de ses ouvrages, a fini par trouver des lecteurs qui l'admirent de bonne foi sans le comprendre. Il est vrai que les annonces, et même les articles laudatifs ne lui ont pas manqué dans les journaux, espèce de célébrité à tant la ligne, qui, malheureusement pour Suffenus, n'existait pas de son temps.

Nec sic, ut fit, in palimpsesto Relata (v. 5). Chacun sait que, par le mot *palimpsestes*, les Romains désignaient des tablettes où l'on pouvait effacer ce qui était écrit, et y écrire de nouveau. Horace (*Sat.*, liv. 1, sat. 10, v. 72), y fait allusion :

> Sæpe stilum vertas, iterum quæ digna legi sint,
> Scripturus, etc.

On a plus tard donné le nom de manuscrits palimpsestes à ceux qui étaient écrits sur des feuilles de parchemin dont l'ancienne écriture avait été effacée. C'est ainsi que trop souvent les moines du moyen âge ont remplacé par des hymnes d'église ou des chroniques de couvents, les plus précieux fragmens de l'antiquité.

Chartæ regiæ, novi libri, Novi ombilici, etc. (v. 6). Par *chartæ regiæ*, il faut entendre du papier ou parchemin grand format ; par *novi libri*, la couverture neuve ou l'enveloppe des manuscrits ; par *lora rubra*, les courroies couleur de pourpre qui attachaient le volume, *volumen*, à l'*umbilicus*, espèce de cylindre de bois poli autour duquel on roulait le manuscrit. *Membrana directa plumbo* désigne des parchemins réglés à la mine de plomb ; et *pumice omnia æquata*, la pierre ponce dont les anciens se servaient pour polir les parchemins sur lesquels ils écrivaient, ainsi que les couvertures de leurs livres.

C'est sans doute ce passage de Catulle qui a inspiré à un poète français cette épigramme contre un mauvais recueil de fables imprimé et relié avec luxe. Tout en est beau, dit-il :

> Papier, dorure, images, caractère,
> Hormis les vers, etc.

Non videmus manticæ quod in tergo est (v. 21). Ce vers est devenu proverbe. La Fontaine l'a imité dans sa fable intitulée *la Besace*, où il dit :

> On se voit d'un autre œil qu'on ne voit son prochain.
> Le fabricateur souverain
> Nous créa besaciers tous de même manière,
> Tant ceux du temps passé, que du temps d'aujourd'hui.

Il fit pour nos défauts la poche de derrière,
Et celle de devant pour les défauts d'autrui.

XXIII.

Nec cimex, neque araneus, neque ignis (v. 2). Je me suis permis de paraphraser ce vers pour le rendre intelligible. Cette pièce, d'ailleurs, offre peu de sel dans une traduction française. Nous n'aimons pas à voir un auteur plaisanter sur la misère d'autrui; et l'on a justement reproché à Boileau ses vers contre un pauvre poète:

..........Colletet, crotté jusqu'à l'échine,
S'en va chercher son pain de cuisine en cuisine.

Pauvreté n'est pas vice, dit le proverbe; cependant, à voir l'accueil que le monde fait à la misère, on serait tenté de croire que c'est un crime. Plus polis que les Romains, nous n'insultons pas à la pauvreté, mais nous lui tournons le dos.

Hanc ad munditiem adde mundiorem (v. 18). J'ai tâché de rendre aussi décemment que possible ces détails de garde-robe; mais il faudrait, pour les bien traduire, la plume du docteur Diafoirus.

XXIV.

Mallem divitias mihi dedisses Isti, etc. (v. 4). Ces deux pronoms, *mihi, isti*, ont paru à plusieurs commentateurs offrir une contradiction qu'ils ont essayé de corriger de différentes manières. Muret propose: *Mallem delicias mihi dedisses isti*, etc., ce qui n'offre pas un sens bien clair; et Vossius: *Mallem divitias Midæ dedisses*, ce qui est beaucoup plus intelligible. Mais ce n'est point là interpréter des vers, c'est les changer, les refaire; et personne, pas même Vossius, n'avait le droit de corriger un poète tel que Catulle. Je pense, avec Doëring, Volpi et M. Naudet, que, dans ce passage, *mihi* est un terme explétif dont on trouve des exemples dans presque toutes les langues, et surtout en français; ne dit-on pas communément, par exemple:

Donnez-moi un verre de vin à ce brave homme ? Envoyez-moi ce drôle en prison, etc. ?

Cette pièce n'a rien de remarquable que le refrain *neque servus, neque arca*, que l'auteur a déjà employé dans la pièce précédente : c'était, sans doute, une espèce de proverbe dont le sel nous échappe.

XXV.

Quum dira Malea naves ostendit oscitantes (v. 5). Les commentateurs varient à l'infini sur la véritable leçon de ce vers. J. Scaliger, suivi par Volpi et M. Naudet, propose : *Quum de via mulier aves ostendit oscitantes;* or, par *de via mulier,* il entend une sorcière, une devineresse, et il interprète ainsi tout le vers : *Quum quævis saga* (ἡ τυχοῦσα) *se observase ait aves magno clamore tempestatem præsagientes.* Heinsius trouve ici l'occasion de donner carrière à sa manie de forger des variantes, et déclare magistralement qu'il faut lire : *Quum Clivias Malea aves ostendit arce nantes.* Nous avons préféré suivre la leçon de Vossius, qui avait trouvé, dans un manuscrit très-ancien de la bibliothèque Palatine : *Quum Diva Malia naves ostendit oscitantes;* seulement nous nous sommes permis de changer *Diva* en *dira*, et *Malia* en *Malea.* Ce vers, selon nous, fait allusion au promontoire de Malée, en Laconie, aujourd'hui cap de Malio ou de Sant-Angelo. La mer porte avec force sur ce cap, et semble y entraîner les vaisseaux ; d'où vient que les anciens ne se hasardaient qu'avec crainte dans ces parages : aussi était-il passé en proverbe que, *quiconque voulait doubler le cap Malée, devait oublier sa maison et sa famille.* L'épithète de *dira* convient donc parfaitement à ce cap ; mais il n'est pas aussi facile de découvrir un rapport entre *naves* et *oscitantes*, qui signifie *bâiller, ouvrir la bouche. Ocillantes* conviendrait beaucoup mieux au sens de la phrase ; mais la quantité ne permet pas de le substituer à *oscitantes* : peut-être vaudrait-il mieux, après tout, adopter l'opinion de Handius, qui pense qu'il faut retrancher ce vers en entier, comme interpolé, inutile et vide de sens.

Catagraphosque Thynos (v. 7). Ce passage est fort controversé. On lit dans plusieurs manuscrits *cirographos*, que Saumaise explique par des anneaux à cachet travaillés en Bithynie ; d'autres lisent *cerographos* et l'entendent par des tablettes : j'ai préféré le premier sens comme plus naturel.

XXVI.

Nec sævi Boreæ, aut Apeliotæ (v. 3). Ce mot *Apeliotes*, composé de ἀπὸ, du côté de, ἥλιος, soleil, et que les Latins traduisaient par *subsolanus*, signifie vent de l'orient équinoxial, vent d'est.

Cette petite pièce n'a pas été comprise par Pezay, qui traduit ce vers :

Verum ad millia quindecim et ducentos,

par : *Ma cabane est à cent lieues de toi.* Ce qui est un contresens manifeste; car *opposita* ne veut pas dire ici *éloignée*, mais *exposée au vent* ou *mise en gage* : ce qui offre un double sens parfaitement dans le goût de Catulle, qui, comme on sait, n'était pas trop rangé, et avait probablement engagé sa maison pour quinze mille deux cents sesterces, ce qui équivaut à 3,108 francs. Voilà ce qu'il appelle un vent horrible et funeste.

XXVII.

Inger mi calices amariores (v. 2). Le falerne, en vieillissant, devenait amer; cette amertume en faisait le prix, comme le prouve ce passage de Sénèque (*Épît.* LXIV) : *Delectat amaritudo in vino nimis veteri.* C'est aussi dans ce sens qu'Horace l'appelle *falernum severum.*

Ut lex Posthumiæ jubet magistræ (v. 3). Posthumia était une biberonne fameuse, la mère Grégoire de son temps, qui avait rédigé une espèce de code qui réglait le nombre et la qualité des rasades que devaient boire les convives; il paraît que la législatrice prêchait d'exemple. Quant au mot *magistra*, il signifie la *reine des festins*; ce que les anciens appelaient encore *arbitri bibendi, modimperatores, reges convivii,* etc. Cette royauté, comme on sait, se tirait au sort. Horace (*Odes,* liv. 1, ode 4) :

Non regna vini sortiere talis.

Catulle paraît avoir pris l'idée de cette pièce dans l'ode LVe d'Anacréon :

Ἄγε δὴ, φέρ' ἡμῖν, ὦ παῖ,
Κελέβην, ὅπως ἄμυστιν,
Προπίω. κ. τ. λ.

Mais moins sobre que le chantre de Téos, Catulle proscrit l'eau, dont le poète grec fait l'éloge. On nous saura gré d'offrir ici la traduction de cette ode d'Anacréon par M. Veissier Descombes :

>Esclave, une coupe féconde !
>Qu'à longs traits s'apaisent mes feux !
>Joins dix mesures de cette onde
>A cinq d'un nectar généreux.
>Qu'aujourd'hui je sois en liesse !
>Mais que les excès de l'ivresse
>Ne viennent pas troubler nos jeux.
>Verse donc, mais avec sagesse.
>Loin de nous, au milieu du vin,
>Tous les cris du Scythe inhumain !
>Loin de nous !..... les chants d'allégresse
>Président seuls à ce festin.

XXVIII.

Cette pièce est fort obscure. Ce sont des injures contre le préteur Pison, qui fut envoyé en Espagne, et que Salluste et Cicéron ont peint sous les couleurs les plus odieuses. Il paraît que Veranius et Fabullus avaient eu particulièrement à se plaindre de son avarice sordide ; et cela rappelle à Catulle que Memmius lui a fait jadis éprouver le même sort dans une circonstance toute semblable.

XXIX.

Cette satire virulente contre César acquiert de l'importance par le personnage célèbre auquel elle s'adresse, et par l'idée qu'elle nous donne des mœurs de son siècle, des déprédations auxquelles se livraient les généraux romains dans les provinces conquises, et de la licence effrénée qui régnait dans tous les ordres de l'état : c'est par-là que cette pièce peut offrir à l'histoire d'utiles objets de comparaison. Le Mamurra dont il est ici question, et dont le nom se reproduit souvent, trop souvent, peut-être, dans les poésies de Catulle, était natif de Formies, chevalier romain, et inspecteur des ouvriers militaires de César en Gaule et en Bretagne. Au rapport de Pline, il fut le premier qui n'eut dans son palais que des colonnes de marbre. Il était l'ami, ou plutôt le protégé de César (quelques-uns disent même son mignon). Ce grand général, par ses libéralités excessives, avait fait faire une immense fortune à Mamurra, qui la dépensait en débauches grossières; et Catulle reproche à César d'être le complice de ces excès, puisqu'il les voit et les souffre.

Quoiqu'il soit difficile d'imaginer quelque chose de plus insultant que cette satire et l'épigramme LVII : *Pulchre convenit improbis cinœdis*, César, qui, au rapport de Suétone (*Vie de César*, ch. LXXIII), convenait que Catulle lui avait imprimé une flétrissure indélébile, poussa toutefois l'indulgence jusqu'à lui pardonner, l'admit à sa table, et continua les relations d'hospitalité qui l'unissaient depuis long-temps au père de notre poète. Du reste, les Romains avaient l'épiderme beaucoup moins sensible que le nôtre aux pointes de l'épigramme, comme le prouveraient, avec mille autres exemples, ces vers que les propres soldats de César chantaient à son triomphe :

> Ecce Cæsar nunc triumphat, qui subegit Gallias;
> Nicomedes non triumphat qui subegit Cæsarem.

Perambulabit omnium cubilia (v. 8). Le sens de ce vers est suffisamment expliqué par ce passage de la pièce VI :

> . . . . Tremuli quassa lecti
> Argutatio, *inambulatio*que.

C'est ce qu'Ovide exprime aussi par :

> Spondaque lasciva mobilitate gemunt;

et Juvénal par *lectum concutere*.

Secunda præda Pontica, inde tertia Hibera, etc. (v. 19). Allusion aux expéditions de César dans le Pont, contre Pharnace, et en Espagne, où il leva, par voie de réquisition, des sommes considérables.

Socer generque (v. 25). Quoiqu'il ne soit que trop souvent question, dans les vers de Catulle, des goûts antiphysiques dont peu de Romains étaient exempts, je ne puis croire que, par *socer generque*, il désigne ici le genre de liaison qui existait entre César et Mamurra; je crois que ces deux mots désignent tout bonnement César et Pompée.

XXX.

Quel est cet Alphenus? est-ce, comme le prétendent quelques commentateurs, ce même Alphenus dont parle Horace (*Sat.*, liv. I, sat. 1), qui, de cordonnier, se fit jurisconsulte, et s'éleva par degrés jusqu'au consulat? Quel est le genre de relations qui avait existé entre cet Alphenus et Catulle; et quels sont les torts qu'il pouvait avoir envers ce dernier? c'est ce qu'il est plus facile de conjecturer que d'établir d'une manière exacte. Rien n'empêche de croire que les reproches de Catulle soient ceux de l'amitié trahie; quoique Pezay, qui a métamorphosé le nom d'Alphenus en celui d'Alphena, qui sonne mieux, dit-il, aux oreilles des dames françaises, paraisse attribuer à une cause beaucoup moins pure les regrets de Catulle.

XXXI.

Cette pièce charmante et, à mon sens, une des meilleures de Catulle, respire cette félicité pure et tranquille que goûte un homme qui, après de longs voyages et de grandes fatigues, rentre enfin dans ses pénates et jouit du plaisir de revoir son *chez soi*, pour lequel nous n'avons pas de mot en français, et que les Anglais expriment si bien par le mot *home, sweet home,* « le doux chez soi ! » On remarquera en passant combien les anciens excellent dans la peinture des plaisirs de la campagne. Virgile, dans ses *Bucoliques* et ses *Géorgiques ;* Horace, dans ses *Odes*, dans ses *Épîtres ;* Tibulle et Properce, en vingt endroits, offrent de délicieux tableaux de la vie champêtre.

Peninsularum, Sirmio, insularumque, etc. (v. 1). Sirmio, aujourd'hui Sermione, presqu'île du lac Benacus (*lac de Garde*), aux environs de Vérone. Catulle y possédait une maison de campagne dont M. Hénin a donné le plan et une description dans son *Journal historique des opérations militaires du siège de Peschiera*.

Uterque Neptunus (v. 3). La mer Adriatique et la mer Méditerranée :

> An mare, quod supra, memorem, quodque alluit infra?
> (Virg., *Georg.*, lib. ii, v. 158.)

et non pas *le dieu qui préside à la mer et aux étangs*, comme l'entend Doëring, qui traite de bévues et de niaiseries les interprétations de Scaliger et de Nonius, qui pourraient à plus juste titre lui rétorquer le compliment.

Vosque Lariæ lacus undæ (v. 13). Nous n'avons pas osé adopter la leçon d'Avantius, *limpidæ lacus undæ*, qui a paru trop audacieuse à Doëring, et qui pourtant nous semble beaucoup plus simple et plus naturelle que toutes les autres tentatives des commentateurs. Les uns lisent *Lydiæ*, parce que Vérone avait appartenu aux Rhétiens, qui tiraient leur origine des Étrusques, lesquels tiraient la leur des Lydiens, comme chacun sait ; les autres, et Vossius est de ce nombre, préfèrent *Lariæ*, parce que Catulle possédait aussi une maison de campagne sur les bords du lac Larius (*lac de Côme*), ce qui offre un sens raisonnable, quoiqu'un peu forcé ; enfin Scaliger, par un raffinement d'interprétation peu digne de ce savant illustre, lit *ludiæ*, de *ludius*, danseur, baladin ; parce que, dit-il, les eaux jouent et bondissent de joie au retour du poète !!!

Ridete quidquid est domi cachinnorum (v. 14). Il nous a été impossible de rendre ce mot *cachinnorum* dont la grâce, toute latine, est intraduisible en français.

XXXII.

Jube ad te veniam meridiatum (v. 3). Chez nous les amans se donnent rendez-vous à minuit : il paraît que chez les anciens l'heure des parties fines était midi, comme le prouvent les vers de Catulle, et ce passage d'Ovide (*Amours*, liv. i, élégie 5) :

> Æstus erat, mediamque dies exegerat horam ;

et cet autre :

> Proveniant medii sic mihi sæpe dies !

Cette pièce un peu gaillarde prouve le peu de délicatesse que les anciens mettaient dans leurs amours : de nos jours on oserait à peine adresser un pareil billet à une fille de joie. Pezay cite à ce propos le mot d'une jolie femme, qui disait que pour toute réponse elle eût envoyé à Catulle un paquet d'émétique.

XXXIII.

Les voleurs d'habits étaient, à ce qu'il paraît, fort communs dans les bains publics des anciens; les Grecs les nommaient βαλανοκλέπται. *Voyez* à ce sujet les commentaires de Burmann sur ce passage du ch. xxx de Pétrone : *Subducta enim sibi vestimenta in balneo*, à propos duquel il cite ces vers de Plaute (*le Cordage*, acte II, sc. 3) :

> ....Qui it lavatum
> In balineas, ibi quom sedulo sua vestimenta servat,
> Tamen subripiuntur.......

Ces sortes de voleurs étaient les plus décriés et les plus sévèrement punis, en raison de la facilité de ce genre de vol.

XXXIV.

On connaît trop les trois odes d'Horace sur le même sujet, et surtout celle qui commence par ces mots : *Phœbe, silvarumque potens Diana*, pour qu'il soit besoin de les rapporter; nous préférons transcrire ici l'hymne à Diane du chant 1er des *Martyrs*, dans lequel M. de Chateaubriand a imité à la fois Horace et Catulle, mais sans les copier :

« Formez, formez la danse légère ! Doublez, ramenez le chœur, le chœur sacré !

« Diane, souveraine des forêts, recevez les vœux que vous offrent des vierges choisies, des enfans chastes, instruits par les vers de la Sibylle. Vous naquîtes sous un palmier dans la flottante Délos. Pour charmer les douleurs de Latone, des cygnes firent sept fois en chantant le tour de l'île harmonieuse : ce fut en mémoire de leurs chants que votre frère inventa les sept cordes de la lyre.

« Formez, formez la danse légère, etc.

« Vous aimez les rives des fleuves, l'ombrage des bois, les forêts du Cragus verdoyant, du frais Algide et du salubre Érymanthe. Diane, qui portez l'arc redoutable, Lune dont la tête est armée du croissant, Hécate armée du glaive, faites que la jeunesse ait des mœurs pures, la vieillesse du repos, et la race de Nestor des fils, des richesses et de la gloire !

« Formez, formez la danse légère, etc. »

XXXV.

Quelques savans ont cru reconnaître dans le Cécilius auquel s'adresse cette pièce, le véritable auteur du fragment *de Berecynthia et Ati*, que l'on a peut-être à tort attribué à Catulle, et qui, malgré les éloges exagérés des interprètes et des traducteurs, ne me paraît pas empreint de cette couleur à la fois simple et vigoureuse que le poète a donnée à ses bons ouvrages, et surtout à son épithalame de *Thétis et Pélée*.

XXXVI.

Annales Volusi, cacata charta (v. 1). Après avoir long-temps hésité sur la traduction de ces mots *cacata charta*, j'ai cru ne pouvoir mieux faire que d'emprunter à Molière le jugement du misanthrope sur le sonnet d'Oronte :

Franchement, il est bon à mettre au cabinet.

Durracchium, Adriæ taberna (v. 15). Dyrrachium, aujourd'hui *Durazzo*, ville d'Illyrie, sur les bords de la mer Adriatique. C'était l'entrepôt du commerce entre la Grèce et l'Italie. Elle s'appelait d'abord *Épidamne;* mais la superstition romaine changea ce nom, qui lui paraissait de mauvais augure, à cause du mot *da-*

mnum, perte, qu'il renfermait. C'est ce qui a fait dire à Plaute, dans les *Ménechmes* (acte II, sc. 1):

> Propterea huic urbi nomen Epidamno inditum 'st,
> Quia nemo ferme huc sine damno divortitur.

Ce fut dans cette ville que se réfugia Pompée, lorsqu'il abandonna l'Italie, qu'il ne pouvait défendre contre César. Pétrone le lui reproche ainsi, dans son poëme de la *Guerre civile* :

> ....Nescis tu, Magne, tueri
> Romanas arces? Epidamni mœnia quære.

XXXVII.

A pileatis nona fratribus pila (v. 2). Le temple de Castor et de Pollux que l'on appelait *pileati fratres*, parce qu'ils étaient représentés coiffés d'une espèce de bonnet en forme de coquille, par allusion à l'œuf de Léda qui leur avait donné naissance. On entendait par le mot *pila*, une petite colonne ou pilier qui servait d'enseigne à chaque boutique. La taverne dont il est ici question était donc la neuvième boutique après le temple de Castor et Pollux.

Continenter quod sedetis (v. 6). Assis les uns auprès des autres, *uno quasi ordine et tenore*.

Hanc boni beatique Omnes amatis (v. 14). On sent bien que c'est une ironie, et qu'ici les mots *boni* et *beati* sont detournés de leur sens ordinaire pour stigmatiser ces suppôts de tavernes qui, exempts de jalousie, et rivaux complaisans, se repassent la maîtresse de Catulle. Ce passage rappelle l'épigramme de Boileau:

> De six amans, contens et non jaloux, etc.

Semitarii mœchi (v. 16). Des galans de carrefours qui s'adressent aux plus viles courtisanes.

Et dens Hibera defricatus urina (v. 20). Strabon nous apprend qu'en effet les Espagnols se lavaient les dents avec leur urine, et Diodore de Sicile (liv. v) ajoute qu'ils s'en frottaient non-seulement les dents, mais tout le corps: Τὸ σῶμα λούουσιν οὔρῳ καὶ τοὺς ὀδόντας. Nous n'insisterons pas davantage sur ces détails de garde-robe, qui se reproduisent dans la pièce xxxixe, adressée au même Egnatius, où il est encore question de ce dégoûtant gargarisme.

XXXVIII.

Il règne beaucoup d'obscurité dans cette pièce dont le texte a été tourmenté par les commentateurs : le résultat de leurs efforts et de leurs conjectures n'offre rien de bien satisfaisant, et peut-être, après tout, ces vers ne méritaient-ils pas qu'on se donnât tant de peine pour les comprendre. Aussi, nous abstiendrons-nous de les annoter.

XXXIX.

Le commencement de cette pièce est plein de sel et de fines plaisanteries : il est impossible de railler d'une manière plus caustique cet Egnatius qui rit partout, en tout temps, et à tout propos ; et M. Noël remarque fort judicieusement que cette épigramme serait charmante si Catulle l'avait finie où le goût semblait la terminer, après le neuvième vers : *Quare monendus est mihi, bone Egnati;* en y ajoutant pour la terminer ce vers devenu proverbe : *Nam risu inepto nihil ineptior est*, et en retranchant toute cette nomenclature géographique, et ces détails de toilette espagnole qui l'allongent et la déparent. C'est ce que l'on a essayé de faire dans l'imitation suivante qui, à défaut d'autre mérite, a du moins celui de la brièveté :

LE RIEUR ÉTERNEL.

D'Egnatius les dents ont de l'ivoire
L'éclat et la blancheur : il s'en fait gloire ;
Pour les montrer, un sourire banal
Sans cesse ouvre sa bouche. Au tribunal,
Quand l'avocat attendrit l'auditoire,
Et fait verser des pleurs à tous les yeux,
Il rit ; auprès du monument pieux
Où sur son fils gémit la tendre mère,
Il rit encore ; et enfin, en toute affaire,
En toute occasion, comme en tous lieux,
Il rit toujours : c'est son tic, sa manie ;
Mais elle n'est, à mon sens, ni polie,

Ni de bon ton. Comme on doit, entre amis,
Sur ses défauts se donner des avis,
Egnatius, permets-moi de te dire
Que *rien n'est plus sot qu'un sot rire.*

Les Grecs exprimaient cette maxime d'une manière encore plus énergique :

Γέλως ἄκαιρος δεινὸν ἐν βροτοῖς κακόν.

« Un rire hors de saison, est le pire des fléaux. »

XL.

Quis Deus tibi non bene advocatus (v. 3). Les anciens croyaient que les bons comme les mauvais desseins étaient inspirés par les dieux. C'est ainsi qu'on lit dans Homère (*Iliade*, liv. XVII, v. 469):

Αὐτόμεδον, τίς τοί νυ θεῶν ὑπερδέα βουλὴν
Ἐν στήθεσσιν ἔθηκε, καὶ ἐξέλετο φρένας ἐσθλάς;

« Automédon, quel dieu t'a inspiré ce pernicieux dessein, et t'a ravi ton bon sens ? »

XLI.

Decoctoris amica Formiani (v. 4). Nul doute que ce Formianus ne soit ce même Mamurra qui, comme on l'a vu, était natif de Formies, et que Catulle appelle *decoctor*, parce qu'il avait dissipé en débauches son patrimoine, ou plutôt l'immense fortune qu'il devait aux prodigalités de César.

Nec rogare Qualis sit solet; en imaginosam (v. 8)! Voici encore un passage qui a donné des tortures aux commentateurs. Scaliger lit *imaginosum*, et entend par-là une maladie hypocondriaque dans laquelle l'imagination est sujette à des hallucinations; Saumaise substitue *dolet* à *solet*, et se rapproche du même sens qu'il explique par μαίνεται φρενιτιᾷ, *imaginibus laborat*. Pour Vossius, toujours friand d'obscénités, il conjecture que Catulle a dû écrire Ἐκμαγείου ὄζειν; ce qui signifie à peu près *sentir le torchon*. Il fallait avoir le nez fin pour flairer un pareil sens dans le *hæc imaginosum*, que portent presque tous les manuscrits et les anciennes éditions. Quant à Turnèbe et à Corradini, ils lisent *hæc* ou *en imago nasum!* Ce qui voudrait dire : « Vous êtes curieux de connaître son portrait; jugez-en par son nez. » L'ellipse est un peu forte; et il fallait que la maîtresse de Mamurra eût un fameux nez, s'il était aussi long que ce commentaire. A toutes ces conjectures nous avons préféré celle de Doëring : *en imaginosam!* qui rend plus incisive la fin de cette épigramme, et se rapproche plus des anciennes leçons.

XLII.

Adeste, hendecasyllabi (v. 1). Les hendécasyllabes étaient employés, comme les ïambes, dans les poëmes satiriques.

Ridentem catuli ore Gallicani (v. 9). Les chiens de chasse gaulois étaient remarquables par leur gueule très-fendue.

O lutum, lupanar (v. 13). Catulle emploie ces mots énergiques au lieu de *lutulenta* et *lupa;* comme, plus haut, il a dit *stupor* au lieu de *stupidus :* c'est ainsi que Térence, dans son *Phormion* (acte III, sc. 2), appelle un homme *carcer,* au lieu de *carcere dignus,* par métonymie.

Pudica, proba, redde codicillos (v. 24). C'est une antiphrase. Horace (*Épode* XVII) dit de même à Canidie :

........Tu pudica, tu proba,
Perambulabis astra sidus aureum.

XLIII.

Voici encore la maîtresse de Mamurra sur le tapis. La tournure de cette pièce est vive et spirituelle; elle a été imitée avec succès dans cette épigramme peu connue sur un mauvais dîner fait à Massy près Verrières :

Bonjour, et Verrière et Massy ;
Vous êtes charmans sur la carte :
Dans vos dîners en raccourci,
On se croit aux banquets de Sparte.
Vos crûs ne sont pas ceux d'Aï,
Vos poulets n'ont pas vu la Sarthe ;
Mais on vous quitte, Dieu merci,

Narguant migraine et fièvre-quarte :
Bonsoir, et Verrière et Massy !

XLIV.

Les campagnes situées près de Tibur étaient les plus estimées des habitans de Rome ; c'est là qu'Horace (*Odes*, liv. II, ode 6) désire avoir une retraite pour ses vieux jours :

> Tibur, Argeo positum colono
> Sit meæ sedes utinam senectæ !
> Sit modus lasso maris, et viarum,
> Militiæque !
> . . . .
> Ille terrarum mihi præter omnes
> Angulus ridet. . . . .

Quant à savoir si le domaine de Catulle était situé sur le territoire de Tibur ou de la Sabine, cela n'importe guère ; et il y a lieu de croire que, placé sur la limite de ces deux provinces, il pouvait être considéré comme appartenant aussi bien à l'une qu'à l'autre.

Nam Sextianus dum volo esse conviva (v. 10). Nul doute que ce Sextius ne soit celui dont parle Cicéron, quand il désigne de sots propos par les mots *dicta Sestiana*. Quant à l'Antius dont il est question dans le vers suivant, et dans lequel Vossius voit C. Antius Restion, auteur d'une loi somptuaire, qui fut proscrit par les triumvirs l'an de Rome 721, il est impossible de rien affirmer à ce sujet.

Qui tunc vocat me, quum malum legit librum (v. 21). C'est en effet une bien grande trahison, d'inviter un ami à dîner pour lui faire subir la lecture d'un ouvrage ennuyeux : il y a là de quoi gâter le meilleur dîner. On peut rapporter à ce passage l'épigramme suivante de Lucilius, que nous empruntons aux *Annales des anciens poètes grecs*, publiées par Brunck, t. II, épigr. 72 :

> Ποιητὴς πανάριστος ἀληθῶς ἐστιν ἐκεῖνος,
> Ὅστις δ'ειπνίζει τοὺς ἀκροασαμένους·
> Ἢν δ' ἀναγινώσκῃ, καὶ νήστιας οἴκαδε πέμπῃ
> Εἰς αὐτὸν τρεπέτω τὴν ἰδίην μανίην.

XLV.

Le meilleur commentaire que nous puissions offrir de cette pièce charmante, où respire tout le feu d'une passion véritable, est l'imitation suivante par feu M. De Guerle :

> Contre mon sein pressant mon Amélie,
> Je lui disais : « Si ton amant
> Ne te chérit, hélas ! plus que sa vie ;
> Si jamais sa foi se dément,
> Puissé-je seul, errant dans la Libye,
> Sous la dent du tigre périr ! »
> Je le disais, et le cœur d'Amélie
> Battit de crainte et de plaisir.
>
> Sa tête, alors, languissamment s'incline ;
> Et sur mes yeux ivres d'amour,
> Par un baiser sa bouche purpurine
> Vint me payer d'un doux retour.
> « Ah ! dans tes bras, puisse ta jeune amie,
> Dit-elle, ainsi vivre et mourir ! »
> Elle se tut, et le cœur d'Amélie
> Ne battit plus que de plaisir.
>
> Avant ce jour, sa tendresse cruelle
> S'armait d'un reste de fierté,
> Depuis ce jour, d'une ardeur mutuelle
> Notre âme brûle en liberté.
> A l'or des rois son amour me préfère ;
> Je la préfère même aux dieux.
> Vit-on jamais deux amans sur la terre
> Et plus aimés et plus heureux ?

XLVI.

« Rien de plus frais, et de plus mélodieux, dit Pezay, que les premiers vers de cette pièce : c'est le printemps lui-même qui s'éveille ; c'est le zéphyr le plus doux qui s'élève. » Quant à l'obscurité qui règne, selon lui, vers la fin, nous ne partageons point son avis, et il nous semble qu'il ne peut y avoir aucun doute raisonnable sur le lieu où furent composés ces vers, puisque Catulle dit positivement, vers 4 et 5 :

> Linquantur Phrygii, Catulle, campi,
> Nicææque ager uber æstuosæ.

Nicée était la capitale de la Bithynie, qui faisait anciennement partie de la Phrygie Mineure. *Voyez* à ce sujet STRABON, liv. XII. Il ne peut y avoir là de difficultés que pour ceux qui aiment à en trouver dans les endroits les plus clairs. C'est assez communément la manie des commentateurs, qui, en revanche, sautent à pieds joints sur les passages difficiles sans chercher à les éclaircir.

XLVII.

J'avoue que le sel de cette épigramme m'échappe; mais ce qui rend souvent les anciens poètes inintelligibles, c'est de chercher du trait là où ils n'en ont point mis. Or, les anciens n'en étaient pas si jaloux que nous, à beaucoup près.

XLVIII.

Pezay a changé Juventius en *Juventia*, et il a l'air de s'applaudir beaucoup de cette métamorphose. Quant à nous, nous le dirons une fois pour toutes, nous n'approuvons pas cette fausse délicatesse qui, par respect pour la morale, défigure les écrits des anciens. Il faut dans une traduction reproduire fidèlement son texte : s'il s'y trouve des obscénités, gazez-les, j'y consens; mais ne cherchez pas à faire une vierge d'une bacchante, ni à changer en Céladons des hommes tels que Catulle, Horace, Ovide et Properce. Les anciens n'avaient pas sur l'amour les mêmes idées que nous ; ce n'était pour eux qu'une jouissance toute physique : le christianisme en l'épurant en a presque fait une vertu. Contentons-nous donc de les plaindre de leurs goûts bizarres et déréglés, et ne cherchons pas à les faire meilleurs qu'ils n'étaient.

XLIX.

Je puis me tromper; mais sous cet éloge apparent de Cicéron, je soupçonne quelque peu de malice. Je me défie de cette modestie outrée de Catulle, qui se déclare le dernier de tous les poètes, à une époque où il était sans rival, car Horace et Virgile n'avaient pas encore écrit leurs chefs-d'œuvre. Il est certain du moins que s'il eût voulu railler la vanité si connue de Cicéron, il n'eût pu le faire d'une manière plus caustique qu'en disant comme il le fait : « Il est aussi vrai que je suis le dernier des poètes, comme il est vrai que tu es le plus grand des orateurs passés, présens et futurs. »

L.

La plupart des commentateurs n'ont vu dans cette pièce qu'une preuve de l'amitié qui unissait Catulle à Licinius Calvus; l'amitié cependant s'y exprime avec une chaleur un peu suspecte. Aussi Pezay, selon sa coutume, a changé Licinius en Licinia; ce qui le met sans doute fort à l'aise, mais ce qui défigure complètement cette pièce d'ailleurs fort jolie, quel que soit le sentiment qui l'ait dictée.

LI.

Ces vers ne sont qu'une imitation de la fameuse ode de Sapho, conservée par Longin et traduite assez faiblement par Boileau : l'imitation de Catulle, quoique incomplète, est encore jusqu'à ce jour la plus parfaite des copies de Sapho.

LII.

Épigramme sanglante qui exprime vivement l'indignation qu'éprouve tout honnête homme à la vue du crime triomphant. Nous avons déjà parlé de ce Vatinius dont le nom était devenu proverbe pour exprimer l'objet de la haine publique.

LIII.

Tout le mérite de cette pièce consiste dans l'antithèse entre le grand talent oratoire de Calvus et la petitesse de sa taille. L'auteur du *Dialogue des Orateurs* nous donne une haute idée des harangues de Calvus contre Vatinius, et Sénèque dit positivement dans ses *Controverses* (liv. III), en parlant de ce même Calvus : *Erat enim parvulus statura, propter quod etiam Catullus in hendecasyllabis vocat illum* SALAPUTIUM DISERTUM. Que penser après cela de l'érudition des commentateurs qui, au lieu du mot *salaputium*, consacré par le témoignage de Sénèque et l'autorité de Scaliger, ont lu tour-à-tour *saluputium, saliputium, salapusium, sapientium, salapichium, solopugium, salicippium, salapantium, holopachium, ascolapation, colabotion,* etc., etc., etc., et *sempre ben'*, comme disait l'Italien. C'est en vérité une bien belle chose que l'érudition !

LIV.

Il faudrait, disent Vossius et Muret, un OEdipe pour deviner le sens de l'énigme que présentent ces vers. Il est certain que la construction en est pénible et embarrassée ; cependant on pourrait, je crois, les interpréter ainsi : *Rustice Cæsar, si non omnia, at saltem vellem hæc displicere tibi et Fuffitio seni recocto, scilicet caput Othonis admodum pusillum, crura semilauta Vetti, subtile et leve peditum Libonis.* Volpi a cherché à en éclaicir le sens par une longue paraphrase un peu plus obscure que le texte, et que pour cette raison nous nous dispenserons de rapporter.

Subtile et leve peditum Libonis (v. 3). L'énigme du *Mercure galant* explique suffisamment le sens de ce vers :

> Je deviens traîtresse femelle,
> De mâle que j'étais avant.

Fuffitio seni recocto (v. 5). Le mot *recocto* est susceptible de deux sens : il peut signifier *un vieux routier* ou un *vieil ivrogne*. C'est dans ce dernier sens que Pétrone a dit dans ses fragmens :

> Anus recocta vino.

LV.

Te in omnibus tabellis (v. 4). Les uns lisent *labellis*, ce qu'ils expliquent par *thermes, bains publics;* les autres *libellis*, boutiques de libraires où l'on se réunissait pour causer. J'ai préféré *tabellis* diminutif de *tabernis*, comme plus conforme aux mœurs présumées de l'ami Catulle, et au goût de ce poète pour les diminutifs.

In Magni simul ambulatione (v. 6). On sait que Pompée avait été surnommé *Magnus* par excellence. Près du cirque de Pompée était une promenade plantée d'arbres, ce qui l'avait fait surnommer par les poètes *umbra Pompeia*.

Non Ladas si ego (v. 25). Ladas, coureur fameux souvent vainqueur aux jeux Olympiques.

Defessus tamen..... Essem, te, mi amice, quæritando (v. 30 et suiv.). On trouve dans Plaute (*Amphitryon*, acte IV, sc. 1) un passage à peu près semblable :

> Nam omneis plateas perreptavi, gymnasia et myropolia;
> Apud emporium atque in macello; in palæstra atque foro,
> In medicinis, in tonstrinis, apud omneis ædeis sacras.
> *Sum defessus quæritando*, nusquam invenio Naucratem.

LVI.

Cette pièce n'a pas besoin de commentaire : tout homme un peu familiarisé avec les mœurs des Romains l'entendra de reste. L'obscénité qu'elle renferme ne permet pas de croire qu'elle soit adressée à Caton le censeur, mais plutôt à Valerius Cato Grammaticus, auteur des *Dires*, dont Suétone parle dans son livre *des Illustres Grammairiens*.

LVII.

Encore une épigramme contre César et Mamurra, son favori. Il fallait en vérité que César eût une longanimité à toute épreuve pour pardonner des injures aussi grossières, aussi sanglantes.

Quelques érudits, qui veulent tout trouver dans les anciens, qui, selon eux, ont tout inventé, excepté la poudre, ont découvert, dans ces vers de Catulle, le germe de cette délicieuse épigramme de Marot, que nous préférons de beaucoup aux vers du poète latin :

> Monsieur l'abbé et monsieur son valet
> Sont faits égaux tous deux comme de cire :
> L'un est grand fol, l'autre petit follet;

L'un veut railler, l'autre gaudir et rire;
L'un boit du bon, l'autre ne boit du pire:
Mais un débat au soir entre eux s'émeut;
Car maître abbé toute la nuit ne veut
Être sans vin, que sans secours ne meure;
Et son valet jamais dormir ne peut
Tandis qu'au pot une goutte demeure.

LVIII.

Apulée, dans son *Apologie*, nous apprend que cette Lesbie était une certaine Clodia, sœur de cet infâme Clodius que Cicéron a immortalisé par son discours *pour Milon* : il ajoute qu'après avoir été déshonorée par son frère, Clodia se dévoua héroïquement aux plaisirs de toute la jeunesse romaine. Les deux derniers vers de la pièce qui nous occupe en ce moment paraissent confirmer l'identité de Lesbie avec cette courtisane fameuse; mais alors comment une pareille femme a-t-elle pu inspirer à Catulle ces vers charmans : *Vivamus mea Lesbia*; *Passer, deliciæ meæ puellæ*; *Lugete, ô Veneres*, etc., etc.? On ne peut s'expliquer de pareilles aberrations de goût et de sentiment qu'en supposant que les courtisanes romaines étaient d'une classe beaucoup plus relevée que ces ignobles filles publiques qui, chez les modernes, sont les égouts du libertinage. Peut-être, chez les anciens, jouissaient-elles du même privilège que ces actrices modernes pour lesquelles on a vu de grands seigneurs, voire même des princes du sang, se ruiner, et qu'en Angleterre les lords ne font pas difficulté d'épouser.

LIX.

Rapere de rogo cœnam (v. 3). On déposait sur les bûchers des mets funèbres, *cœna feralis*, qui devaient être brûlés avec les dépouilles des morts, et que les pauvres venaient souvent dérober pendant la nuit, ce qui leur fait donner par Plaute le nom de *bustirapi*. Térence fait aussi allusion à cet usage au troisième acte de *l'Eunuque*, scène 2, où Parménon dit à Thrason :

> Tace tu, quem ego esse infra infimos omnes puto
> Homines : quam qui huic adsentari animum induxeris,
> E flamma petere te cibum posse arbitror.

On peut aussi rapporter à ce sujet ces vers de Tibulle (liv. 1, élég. 5), où il profère cette imprécation contre une vieille :

> Ipsa fame stimulante furens, herbasque sepulcris
> Quærat, et a sævis ossa relicta lupis.

LX.

M. Noël regarde ces cinq vers comme un fragment qui, selon lui, faisait probablement partie d'une élégie à quelque beauté bien cruelle. Rien n'indique cependant qu'ils soient adressés à une femme; et peut-être n'ont-ils pour but que d'accuser la perfidie d'un ami dont Catulle, dans le malheur, avait en vain réclamé les secours et les consolations.

LXI.

Nous pensons que le lecteur nous saura gré de lui offrir la dissertation suivante, dont l'auteur est M. Naudet, de l'Institut :

« Je crois qu'on peut désigner le poëme fait à l'occasion du mariage de Manlius avec Julie, par le titre d'*épithalame*, nonobstant la réclamation de Muret, qui soutient qu'on ne doit qualifier ainsi que l'hymne chanté par un chœur de jeunes filles à la porte de la chambre nuptiale (ἐπὶ, θάλαμος). Ce docte commentateur veut, ce me semble, trop presser le sens de l'étymologie. Il est vrai que les modernes érudits se sont évertués quelquefois à multiplier les subdivisions et les noms, sans rien ajouter aux idées ni à la poésie; ils distinguent un épithalame proprement dit, qu'ils partagent en deux espèces, celui du soir ou du coucher (κατακοιμητικὸν), celui du matin ou du lever (διεγερτικον); puis un autre, appelé *scholion* (amusement), chanson des convives à la fin du repas; puis un autre intitulé *hymenœum*, contenant des préceptes sur le mariage; puis un autre sans nom, dans lequel on découvrait la pompe nuptiale; puis un cinquième, espèce d'hymne en l'honneur des époux. Nous ne finirions pas, si nous voulions parcourir ce savant dédale; il nous suffira qu'un poëme soit spécialement consacré à célébrer un mariage, pour que nous l'appelions en général épithalame, comme celui de Catulle.

« Deux grandes familles associaient leur puissance et leur gloire par ce lien conjugal : le mari avait les Torquatus pour ancêtres (v. 216); Julie, son épouse, sortait de la maison Aurunculeïa (v. 87). Mais d'autres idées devaient encore mieux inspirer le poète : Manlius était son bienfaiteur et son ami; Julie était jeune et belle; ou bien il faudrait croire que Catulle eût étrangement abusé de la licence des fictions poétiques dans l'éloge qu'il faisait de ses charmes; et, en ce cas, une telle exagération aurait été maladroite, et aurait pu passer pour une dérision. Il vaut donc mieux penser, pour l'honneur de l'héroïne et surtout de Catulle, qu'il a dit la vérité.

« Plusieurs critiques, tout en rendant hommage aux perfections du style de ce poëme, sont disposés à contester à l'auteur le mérite de l'invention, et même celui de la composition. Catulle, disent-ils, s'appliqua toujours à imiter et même à copier les Grecs; Sapho était son modèle de prédilection; Sapho s'est rendue célèbre par ses épithalames comme par ses odes; justement Catulle a pris ici un mode lyrique; de plus, il substitue l'acclamation grecque d'hyménée aux acclamations de Thalassius : on conclut de tout cela qu'il a traduit cet ouvrage de Sapho.

« Il me semble que c'est se décider par des argumens un peu légers, pour enlever à un auteur sa propriété. Les épithalames de Sapho n'existent plus; on n'a donc nulle pièce de conviction, et l'on ne peut que hasarder des conjectures. Je ferai aussi les miennes.

« Que Catulle, imbu des poésies grecques, ait trouvé les chants nuptiaux des latins trop secs et trop grossiers, en comparaison de ceux qu'avaient fait entendre la muse lesbienne, et Stésichore, et Théocrite; que leur exemple lui ait suggéré l'heureux dessein d'introduire le dieu d'hymen, si gracieux et si aimable, dans un mariage romain; qu'il leur doive plusieurs images agréables, plusieurs traits brillans, nous n'osons pas le nier; quoique, à l'exception du cri : *ô hymen! ô hyménée*, on ne puisse dire positivement, avec la moindre certitude, quelle strophe, quelle phrase, quelle expression il a empruntée. Mais comment soutenir que ce n'est pas lui qui a conçu l'idée générale de son poëme? On a plutôt des motifs d'adopter l'opinion contraire. Beaucoup de cérémonies du mariage romain sont dépeintes ou indiquées par des allusions, et cet épithalame se recommanderait déjà comme un monument précieux d'antiquité par l'instruction qu'il fournit sur une partie importante des mœurs privées des Romains, quand il ne serait pas un des tableaux les plus charmans et les plus achevés que présente la poésie latine.

« L'usage voulait que la mariée parût sortir malgré elle, et être arrachée de la maison de ses parens, soit qu'on retraçât un simulacre de l'enlèvement des Sabines, soit qu'on voulût signifier par-là les craintes et les combats de la pudeur virginale; Catulle consacre cette pratique dès le commencement : *Virginem rapis ad virum*. Il n'oublie ni la couronne de fleurs, ni le voile rose (*flammeum*), symbole de modestie, dont on ornait la tête de la mariée, *flammeum cape, flammeum video venire*. La ceinture de laine que l'époux devait dénouer dans la chambre nuptiale est rappelée aussi : *Zonula soluunt sinus*. On conduisait l'épouse future dans la maison conjugale, le soir, à la lueur des flambeaux; Catulle fait briller aussi des flambeaux parmi l'escorte de Julie : *Tollite, o pueri, faces*. Ces jeunes garçons qui servaient de paranymphes, les matrones qui menaient l'épouse dans la chambre conjugale, paraissent dans la description de Catulle (v. 181-190). Seulement il n'a point expliqué que les jeunes garçons devaient avoir encore leur père et leur mère, *patrimi et matrimi*, et que les dames qui faisaient l'office de *pronubæ*, n'étaient ni veuves, ni mariées pour la seconde fois. Mais on ne peut pas demander tant de détails à un poète. La mariée ne se mettait point en route sans avoir pris les auspices : *Transfer omine cum bono*; il fallait qu'en entrant elle passât sur le seuil de la porte, sans le toucher du pied; peut-être parce que le seuil étant consacré à Vesta, déesse de la chasteté, on devait prendre garde plus que jamais de l'offenser dans cette inauguration : on allègue encore beaucoup d'autres raisons qu'il serait trop long de rapporter. La mariée venait prendre possession de la maison conjugale, en sa qualité de future matrone; Catulle a consacré dans ses vers toutes ces particularités : *Transfer limen aureolos pedes.... ac domum dominam voca*. Thalassius était le dieu d'hymen des Romains; ils l'invoquaient dans les chansons et dans le festin des noces. On dit que, lors de l'enlèvement des Sabines, quelques soldats en prirent une d'une beauté rare, et la conduisirent à un jeune Romain, appelé Thalassius, aussi renommé par sa figure que par son courage. De peur qu'on ne la leur disputât dans le chemin, ces soldats criaient : « Elle est « destinée à Thalassius! » L'union de ce Romain avec la belle Sabine fut très-heureuse; et, depuis ce temps, on proférait le nom de Thalassius dans les cérémonies nuptiales. On pourrait demander s'il y eut un enlèvement des Sabines, un Thalassius, et des soldats si officieux et si zélés pour lui. C'est une affaire à débattre avec Tite-Live. D'autres préfèrent l'autorité de Varron, qui tire l'origine du cri Thalassius de *talassio*, nom d'une corbeille à ouvrage pour les femmes, et dans laquelle la mariée avait soin d'apporter des aiguilles et de la laine, emblème de ses occupations futures. Catulle ne servira point à résoudre cette question d'histoire qui eût embarrassé, je crois, les savans de son temps; mais il ne néglige pas cette circonstance, une des plus essentielles du mariage latin : *Nunc servire Thalassio*. Il parle aussi des noix que le marié jetait ou faisait jeter aux enfans, pour déclarer qu'il renonçait aux jeux puérils : *Neu nuces pueris neget*. Enfin, la partie la plus caractéristique de la noce romaine, la chanson Fescennine, remplit une assez grande place dans le poëme. Il est bien remarquable que ce peuple si grave, si terrible dans l'histoire, mêlait toujours à des rits vénérables des bouffonneries et des obscénités. On ne célébra point, pendant plusieurs siècles, de solennités religieuses qui ne fussent accompagnées de farces ridicules, dont la pudeur avait beaucoup à souffrir. Dans les triomphes, les soldats chantaient, autour du char de leur général, des impromptus de leur façon remplis de sarcasmes et de paroles indécentes. Au milieu de la pompe nuptiale, une troupe d'enfans et d'adolescens harcelaient de propos malins et plus lascifs encore, les deux époux, sans égard pour la timidité virginale de la jeune mariée. On appelait badinage le chant Fescennin. Partout le peuple-roi portait les vestiges de son ancienne rusticité, et lorsqu'il se parait d'or et de pourpre, il gardait encore quelque chose des manières d'une soldatesque grossière. Catulle sut se conformer à la coutume, sans offenser la délicatesse des gens de goût de son siècle : *Ne taceat Fescennina locutio*.

« Certainement on n'imaginera pas qu'il ait tiré d'un épithalame grec ces détails de mœurs romaines, et c'est bien lui seul qui eut le talent de les distribuer convenablement dans une suite de figures poétiques. L'art d'allier et de fondre ensemble les formes de la mythologie grecque et les coutumes latines, lui appartient encore dans cet ouvrage. Pourquoi ne supposerait-on pas qu'il en a lui même construit tout l'ensemble et réglé la disposition, puisqu'il en a su manier si habilement les matériaux ?

« Le plan est aussi simple qu'ingénieux. C'est un drame lyrique, qui se développe et s'accomplit dans un seul monologue toujours varié, toujours soutenu. Le poète se transporte sur le lieu de la scène; il s'entoure de tous les personnages et de toutes les décorations de la fête; sa voix seule anime le spectacle, dont sa poésie est le miroir. Il chante l'hymen aux portes de la jeune mariée; il appelle la troupe des vierges qui doivent répéter en chœur l'hymne d'hyménée, et invoquer le dieu qui préside aux plaisirs légitimes, et qui ne se rend qu'aux prières d'une bouche innocente et pure.

« L'hymne sacré commence par un mouvement d'enthousiasme et d'amour, et il est rempli de l'éloge magnifique des bienfaits qui signalent en tous lieux la puissance du dieu d'hymen. Un refrain animé prête à la mélodie de nouveaux charmes, et au chant plus de vivacité.

« Quand les vœux des jeunes vierges ont attiré la divinité, dont la présence garantit la sainteté du mystère de l'amour, l'épouse doit paraître : on l'appelle, la pudeur la retient; les instances se renouvellent de moment en moment, et sont interrompues par les louanges qu'elle mérite et par les promesses du bonheur qu'elle a lieu d'espérer.

« Enfin elle cède aux invitations pressantes de la troupe. La joie éclate à son aspect; les flambeaux s'élèvent et s'agitent, les cris d'hymen retentissent, et l'on se livre aux saillies de la gaîté dans les chants Fescennins.

« C'est ici que se pratiquent les usages particuliers et les figures symboliques des noces latines.

« On jette les noix aux enfans.

« On annonce la relégation des jeunes esclaves destinés à des plaisirs infâmes.

« Il faut louer ici la sage réserve du poète.

« Il avait à donner une représentation des scènes qui se passaient autour du couple amoureux, pendant qu'on allait de la maison des parens à celle du mari.

« Le libertinage des discours n'avait point de bornes. Qu'on imagine quels propos pouvaient se tenir en cette occasion, parmi une foule de jeunes étourdis qui faisaient assaut de mauvaises plaisanteries et s'amusaient de l'embarras des deux époux. Le charivari qu'on donne aux mariés dans plusieurs pays a quelque analogie avec cette coutume des Romains.

« On appelait ces railleries les chants Fescennins, parce qu'elles étaient exprimées en vers improvisés, dont la ville *Fescennia* avait, dit-on, donné le premier modèle, et dans lesquels on n'avait pas plus de respect pour le rhythme et pour la mesure que pour la pudeur. Toutefois le peu de nombre et de cadence qu'on mettait dans cette ébauche de versification rendait les idées plus piquantes. Pendant long-temps les Romains n'eurent point d'autre poésie. Son origine se perdait dans la nuit de l'antiquité; et ils y tenaient beaucoup comme à une tradition de leurs ancêtres. Elle se reproduisait dans leurs fêtes publiques et particulières. Catulle ne pouvait l'omettre sans négliger une circonstance importante. Il était obligé d'en retracer la licence. Mais son goût l'avertit que l'art devait représenter la nature en beau.

« Quoiqu'il épargnât la modestie de l'épouse, ses ménagemens nous semblent encore bien effrontés et bien révoltans. Mais il ne faut pas oublier qu'il écrivait pour des Romains, chez qui un hideux amour entrait dans les divertissemens permis à la jeunesse, comme on pardonnerait quelques aventures galantes à des jeunes gens chez les modernes.

« On se tromperait, si l'on jugeait le chant Fescennin de Catulle avec nos idées de bienséance et de morale.

« Comment, en présence d'une future épouse, d'une vierge pudique, oserait-on parler d'un être tel que le *concubinus iners* qui doit être abandonné désormais? Cette espèce de galanterie, si elle n'avait rien d'offensant pour la mariée, laisserait, dans notre opinion, son époux marqué d'une flétrissure indélébile. Il n'en était pas ainsi chez les Romains; Catulle nous l'explique :

> Scimus hæc tibi, quæ licent,
> Sola cognita.

Cette différence de mœurs une fois admise, on ne trouve dans ce chant Fescennin qu'une liberté décente, telle qu'elle devait régner dans la fête d'un patricien, d'un Torquatus. Il y aurait eu bien d'autres gaîtés dans la noce d'un prolétaire.

« Le poète s'amuse aux dépens d'un être dégradé; il donne en riant de sages conseils au mari et à la femme, et leur indique leurs devoirs au milieu des acclamations d'hyménée.

« On arrive à la maison de l'époux ; ici s'exécutent les formalités prescrites pour l'entrée de l'épouse.

« On l'invite à prendre possession du séjour conjugal.

« On lui montre la chambre nuptiale et l'époux amoureux qui l'attend.

« Les paranymphes, ou *pronubi*, la quittent. La matrone *pronuba* la conduit à la couche sacrée.

« Alors on entrevoit le tableau de leurs amours chastes et brûlans. Catulle y exprime tous les transports d'une passion satisfaite, sans offenser la pudeur.

« Le concert se termine, quand la félicité des époux commence. La porte de la chambre nuptiale étant fermée, le poète se retire avec la troupe des jeunes vierges : ses dernières paroles sont un adieu de bon augure.

« Que de mouvement, que de vie, que d'énergie imitative dans tout ce poëme! mais combien on doit surtout admirer la simplicité des moyens par lesquels l'auteur produit tant d'effets pittoresques !

« Il prend sa lyre, comme un des chantres homériques, dont les concerts charmaient les fêtes et les banquets des héros. Il chante, et toutes les scènes de la cérémonie nuptiale se présentent successivement à nos yeux.

« La grâce, la force, la majesté, la magnificence, la joie, la passion, les sentimens religieux, varient tour-à-tour ses images. Telle est l'illusion magique de sa poésie, que nous croyons entendre les acclamations d'hymen, que nous croyons voir les acteurs de la fête. C'est plus qu'un tableau mouvant, c'est un spectacle animé. »

Nous ne terminerons pas cette note sur l'épithalame de Manlius et de Julie sans rapporter la charmante, mais trop courte imitation que M. de Chateaubriand en a donnée dans le livre xiv de son poëme des *Martyrs*:

« L'étoile du soir a brillé : jeunes hommes abandonnez les tables du festin. Déjà la vierge paraît : chantons l'Hymen, chantons l'hyménée !

« Fils d'Uranie, cultivateur des collines de l'Hélicon, toi qui conduis à l'époux la vierge timide, Hymen, viens fouler ces tapis au son de ta voix harmonieuse, et secoue dans ta main la torche à la chevelure d'or.

« Ouvrez les portes de la chambre nuptiale, la vierge s'avance ! La pudeur ralentit ses pas; elle pleure en quittant la maison paternelle. Viens, nouvelle épouse, un mari fidèle veut se reposer sur ton sein.

« Que des enfans plus beaux que le jour sortent de ce fécond hyménée. Je veux voir un jeune Eudore suspendu au sein de Cymadocée, tendre ses faibles mains à sa mère, et sourire doucement au guerrier qui lui donna le jour ! »

LXII.

On ignore pour quelles noces ce poëme amœbée fut écrit : plusieurs savans supposent qu'il fut composé, comme le précédent, pour les noces de Manlius et de Julie, mais j'ignore sur quelle autorité ils fondent cette hypothèse. Corradini, adoptant cette opinion, l'a placé en tête de cet épithalame, et Pezay, dans sa traduction, a suivi cet exemple; mais il n'est guère possible de rien savoir de certain sur cette matière et il importe peu de l'approfondir. Ce qu'il y a de positif, c'est que ce poëme est un petit chef-d'œuvre malheureusement incomplet en quelques endroits.

Namque tuo adventu vigilat custodia semper (v. 33). Ce passage présente de grandes difficultés. Voici l'interprétation qu'en donne Doëring : « Vesper est un astre dangereux, car dès qu'il se montre, la garde de nuit commence sa ronde, pour chasser les voleurs qui voudraient profiter de l'obscurité. » Volpi entend ici le mot *fures*, dans le même sens que *furta*, larcins amoureux : ce sens m'a paru le véritable, et je l'ai adopté.

Hespere, mutato comprendis nomine eosdem (v. 35). Les anciens appelaient l'étoile de Vénus *Vesper* ou *Hesperus*, quand elle paraissait le soir; *Phosphorus* ou *Lucifer*, quand elle brillait le matin. Voilà ce que Catulle entend ici par *mutato nomine*.

Ut flos in septis secretus nascitur hortis (v. 39). Cette délicieuse comparaison a été reproduite dans toutes les langues : le Tasse et l'Arioste l'ont traduite presque littéralement, et il en existe en français de nombreuses imitations, dont plusieurs ne sont pas sans mérite, quoiqu'elles soient loin de valoir l'original.

LXIII.

Ce poëme sur la bizarre et malheureuse aventure du bel Atys, est peu susceptible d'analyse ; et, malgré les pompeux éloges que les traducteurs et les commentateurs de Catulle ont donnés à cet ouvrage, il m'est impossible d'y reconnaître la manière de ce grand poëte. Je suis fortement tenté, ou d'adopter l'opinion de ceux qui l'attribuent à Cécilius, comme je l'ai dit précédemment, ou de me ranger à l'avis de Warton, qui soupçonne que Catulle l'a imité du grec. « Quel qu'en soit l'auteur véritable, il est impossible, dit Pezay, d'y mettre plus de chaleur, de verve, de feu, enfin de tout ce que le pauvre Atys n'avait plus. » C'est peut-être pour amener ce jeu de mots que Pezay a dit tant de bien de cette pièce ; car, malgré les beaux vers qu'elle renferme, il y règne beaucoup d'enflure et d'obscurité : peut-être est-ce la faute de ce sujet mystique.

LXIV.

Qu'il nous soit permis d'emprunter à l'abbé Arnaud le jugement éclairé qu'il a porté de ce poëme : ce morceau est extrait d'une *Notice sur Catulle* que M. Naudet a insérée dans son édition :

« Je regarde encore ce poëme comme une traduction ou comme une imitation du grec ; je soupçonne même Catulle d'y avoir réuni deux poëmes absolument différens, et je fonde mon opinion sur ce qu'il n'y a aucune sorte de proportion entre l'épisode et le sujet principal, et que le tableau des aventures d'Ariadne est évidemment un hors-d'œuvre peu adroitement cousu avec la description des figures représentées sur le magnifique tapis qui parait le lit nuptial de Thétis et de Pélée. Cet épisode rappelle le bouclier d'Achille et celui d'Énée ; mais, dans ces belles portions de leurs poëmes, Homère et Virgile n'ont rien fait entrer que la sculpture et la peinture n'eussent pu traiter et qu'elles ne puissent encore reproduire ; au lieu qu'il est impossible de soumettre aux arts du dessin le long discours d'Ariadne, ni même ce que ce discours a de plus intéressant. Si Catulle voulait passionner son récit par le tableau du désespoir d'une amante abandonnée et trahie, et varier ainsi sa narration pour en écarter l'ennui, pourquoi, parmi les Thessaliens qu'il fait assister aux noces de Thétis, n'en choisissait-il pas quelqu'un qui, à l'aspect des figures brodées dont le lit nuptial était enrichi, en eût pris occasion de raconter l'histoire d'Ariadne et de Thésée ?

« Ceux qui vouent aux ouvrages des anciens une admiration sans réserve, auraient-ils donc oublié que ce n'est ni sur l'antiquité, ni sur l'autorité qu'elle imprime que se mesure la perfection des ouvrages, mais bien sur la convenance, règle éternelle et fondamentale de la poésie et de tous les arts imitateurs ?

« Du reste, l'épisode d'Ariadne, considéré en lui-même, et indépendamment du sujet auquel il est joint, doit être regardé comme une des plus sublimes productions de la poésie ancienne; rarement la nature offrit à l'art un plus beau sujet, et plus rarement encore l'art servit aussi heureusement la nature.

« Étonnée de se voir seule à son réveil, Ariadne pâle, tremblante, éperdue, se précipite vers les bords de la mer, d'où elle aperçoit Thésée, fuyant sur un navire que les vents, trop favorables, avaient déjà poussé à une grande distance du rivage. A cet aspect, elle ne se meurtrit point le sein, elle n'éclate point en reproches, elle ne verse point de larmes, elle demeure sans voix et sans mouvement. Le poète crayonne d'un seul trait et l'excès de la fureur et l'excès du saisissement : on l'aurait prise, dit-il, pour la statue d'une Bacchante; comparaison sublime qu'Ovide a empruntée, mais dont, en la délayant selon sa coutume, il a détruit toute l'énergie. A cette image, vraiment digne du pinceau de Michel-Ange, succède un tableau digne du pinceau de l'Albane : le diadème dont ses blonds cheveux étaient ceints, le vêtement léger qui flottait autour de sa taille, le voile qui cachait son sein et semblait s'animer par le mouvement qu'il en recevait, tous ces ornemens tombés à ses pieds sont devenus le jouet des eaux de la mer. Le premier des soins d'une femme, celui de la parure, ne la touche plus; elle n'a qu'une pensée, elle n'a qu'un sentiment : Thésée, Thésée seul remplit toute son âme.

« Ici le poète décrit en vers pleins de substance, de poésie et de majesté, le noble projet de Thésée, son voyage et son arrivée dans l'île de Crète; ensuite, pour exprimer d'une manière sensible l'innocence d'Ariadne, il la présente élevée dans le chaste sein d'une mère dont elle partagea toujours la couche. Il la compare au myrte qui croît sur les bords écartés et solitaires de l'Eurotas, ou à la fleur dont l'haleine du printemps anime les couleurs. On sent quelle impression, quels progrès, ou plutôt quels ravages doit faire l'amour sur un jeune cœur si pur, si sensible, si délicat et si tendre! Aussi, dès le moment même où la fille de Minos vit pour la première fois Thésée, ses regards demeurent suspendus comme par enchantement aux traits du jeune Athénien : elle les détourne enfin; mais le poison brûlant de l'amour a déjà coulé dans son sein, et circule dans toutes ses veines. Vénus! Amour! s'écrie ici le poète, puissantes divinités, qui mêlez à tant de plaisir tant de peines et tant d'amertume à tant de douceurs, à quels terribles orages vous vous fîtes un jeu de livrer le cœur de la jeune et tendre Ariadne! Combien elle frémit en apprenant que Thésée était venu pour combattre le Minotaure! De quelle pâleur mortelle se couvrit son beau visage au moment du combat! Son cœur envoie au ciel des vœux, des prières que sa bouche n'ose prononcer.

« Cependant, comme on voit au sommet du mont Taurus un vieux chêne agitant ses longs et superbes rameaux, déraciné tout à coup par un ouragan qui d'un souffle impétueux a long-temps secoué ses fortes et profondes racines; tel le Minotaure présentant sans cesse les cornes redoutables dont son large front est armé, mais ne frappant jamais que l'air, cède aux coups multipliés de son intrépide adversaire, et tombe sans vie aux pieds de Thésée. C'en est fait : Athènes est pour jamais délivrée du barbare tribut qu'elle payait tous les ans à la Crète; mais son libérateur eût acheté chèrement sa victoire, si la prévoyante Ariadne ne lui eût mis dans la main un fil qui devait lui servir à reconnaître les détours du labyrinthe, où le monstre était renfermé.

« On voit bien que le poète n'affecte d'exalter le courage et la valeur de Thésée, que pour jeter plus d'intérêt sur la passion d'Ariadne, et lui faire pardonner d'y avoir sacrifié la tendresse d'une mère, d'un père, d'une sœur, en un mot les sentimens dont la nature a fait, sinon toujours le plus cher, du moins le plus sacré des devoirs. Tout ce qu'une narration trop étendue aurait nécessairement affaibli, Catulle le concentre et le renferme dans une interrogation tout à la fois très-animée et très-pathétique; puis, courant au dénoûment avec la plus grande rapidité, conformément au précepte qu'Horace en donna depuis, il passe des effets de l'amour et de la stupeur à ceux de l'agitation et du trouble. Inquiète, éperdue, égarée, Ariadne porte au hasard ses pas sans pouvoir les fixer nulle part, elle gravit jusqu'au sommet des plus hautes montagnes, d'où ses regards puissent embrasser un plus grand espace, et apercevoir de plus loin le vaisseau de Thésée. Elle en descend avec précipitation, et court au rivage, où, après avoir relevé son élégante chaussure, elle pénètre si avant que ses pieds nus et délicats sont couverts des eaux que la mer pousse sur ses bords; le visage inondé de larmes, et presque abandonnée de la vie, elle ne jette plus que de froids soupirs, quand tout à coup ramassant ce qui lui reste de force, elle éclate en reproches et en imprécations.

« Toutes les différentes passions qui peuvent entrer dans le cœur d'une amante sensible et trahie, leurs successions, leurs mélanges, leurs gradations, voilà ce qu'aucun poète ne traita jamais avec plus d'art et en même temps avec plus de vérité que l'a fait Catulle. Pour mieux faire sentir ce que j'avance, je me permettrai de mêler quelques réflexions à cette analyse.

« Souvent l'amour-propre nous aveugle au point de nous persuader que nous sommes infaillibles dans les choses que nous faisons; nous nous formons une si haute idée des perfections de l'objet que nous avons jugé digne de notre tendresse, que lors même qu'il nous abandonne et qu'il nous trahit, nous ne pouvons nous résoudre à nous croire trompés. Telle est la position d'Ariadne : la jeunesse, le courage et la valeur de Thésée, l'opinion qu'elle s'est faite de la tendresse et de la constance de ce jeune héros, l'ont tellement convaincue de la bonté de son choix, que, même en se voyant abandonnée, elle n'éprouve d'abord d'autre sentiment que celui de la surprise : tout ce qu'elle dit de l'infidélité de Thésée part uniquement de cette situation de son âme. Elle varie ses phrases; mais le sentiment demeure le même; elle n'ose en croire ses propres yeux; elle doute de ce qu'elle voit, et rien n'exprime mieux cet état de doute que le discours qu'elle adresse à Thésée; elle lui parle, elle l'interroge comme s'il était présent et qu'il pût l'entendre, la plaindre et la consoler.

« Eclairée enfin sur son sort, convaincue de la réalité de son abandon et de l'inutilité de ses plaintes, Ariadne a peine à se regarder comme la seule femme qui ait été ainsi délaissée; et, passant de l'individu à l'espèce, elle conclut que tous les amans sont faux, parjures et infidèles. Le propre des personnes sensibles et affligées est de se répandre en maximes générales. Quelque parti qu'elles prennent, elles rencontrent partout le malheur, s'il faut les en croire, et la nature se soulève tout entière pour les accabler.

« Mais si aux yeux d'Ariadne tous les hommes sont perfides, combien Thésée doit lui paraître plus perfide encore que tout le reste des hommes, lorsqu'elle pense à tous les maux qu'il lui a rendus pour tout le bien qu'elle lui a fait. Elle l'a servi contre son propre frère; elle l'a arraché d'entre les bras de la mort; elle a brisé, pour le suivre, tous les liens qui l'attachaient à une famille adorée; et, pour prix de tant de bienfaits et de tant de sacrifices, Thésée l'abandonne; il l'abandonne dans une plage sauvage et déserte, il la laisse exposée à la rage des bêtes féroces, il lui envie jusqu'à un tombeau. Ces idées la pénètrent d'une indignation qui s'accroît encore par l'effroi qui vient assaillir son âme, et la fait passer au sentiment du mépris et de l'aversion. Thésée n'est plus à ses yeux qu'un monstre exécrable, vomi par une mer orageuse, ou enfanté par une lionne, ou conçu dans les flancs d'un rocher sauvage.

« Cependant l'amour n'est pas encore entièrement banni de son cœur; elle semble condamner son emportement, et s'en repentir; sa pensée aime encore à s'attacher à Thésée. Pourquoi ne l'a-t-il pas emmenée sur son vaisseau? Heureuse d'être admise au nombre de ses esclaves, elle se serait empressée de remplir auprès de lui les fonctions même les plus viles; ses royales mains se seraient volontiers abaissées à étendre un drap de pourpre sur le lit de son amant, et à lui verser sur les pieds une eau fraîche et pure.

« Mais elle s'aperçoit que ses gémissemens et ses vœux se perdent dans les airs : ses regards, en quelque lieu qu'elle les porte, ne rencontrent aucun être sensible qui puisse entendre ses plaintes;

et c'est alors que, livrée au désespoir, elle maudit le moment où, cachant sous les dehors les plus aimables les desseins les plus perfides, Thésée aborda en Crète. En effet, que deviendra-t-elle? sur quelle espérance pourra-t-elle appuyer son cœur? Retournera-t-elle dans sa patrie? les mers, hélas! l'en séparent par des espaces immenses. Implorera-t-elle le secours d'un père? elle l'a cruellement abandonné pour s'attacher aux pas d'un jeune homme encore tout fumant du sang du Minotaure son fils. Trouvera-t-elle quelque soulagement à sa peine dans les tendres sentimens d'un époux? le barbare! il fuit au travers des mers, et n'a ni assez de vent, ni assez de voiles pour s'éloigner d'elle. Tout ce qui l'environne est désert, muet, et ne lui présente qu'une mort inévitable. Saisie tout à la fois de crainte, d'épouvante et d'horreur, elle passe de l'indignation aux transports de la rage, elle ne respire plus que vengeance, elle la demande aux Furies: « Venez, venez, s'écrie-t-elle, entendez mes plaintes, vous qui « seules pouvez les entendre, et ne souffrez pas qu'elles soient « vaines; elles partent du fond de mon cœur! Rendez à Thésée tous « les maux que le barbare m'a faits. Puisse-t-il verser sur les jours « de sa famille entière, sur ses propres jours, l'affreux poison « qu'il a répandu sur les miens! »

« Pour mieux sentir avec quel art et quelle vérité les passions s'entrelacent, se succèdent et se graduent dans cet admirable poëme, on n'a qu'à comparer les discours que Catulle met dans la bouche d'Ariadne avec ceux que Virgile fait tenir à Didon, et ceux qu'Ovide prête à cette même Ariadne.

« Le quatrième livre de l'*Énéide* est trop connu pour m'y arrêter. Quant à Ovide, les détails infinis et minutieux où il affecte d'entrer dans la lettre qu'il fait écrire par Ariadne à Thésée, détruisent tout ce que la passion de cette malheureuse princesse a d'intérêt et de véhémence. Elle se rappelle trop ce qui lui est arrivé pendant son sommeil; elle s'occupe trop des monceaux de sable qui retardent ses pas, des épaisses broussailles dont le sommet de la montagne est couvert, de l'écueil menaçant et escarpé qui borde les eaux de la mer. Ovide ne serait pas plus exact s'il était chargé de lever le plan du lieu solitaire où se trouve Ariadne.

« Il faut avouer en même temps que, partout où le sujet ne doit avoir que le ton de l'épopée, Ovide raconte avec un naturel admirable. Elle appelle Thésée, elle l'appelle à haute voix; et lorsque la voix lui manque, ou que, trop faible, elle se perd dans les airs, elle y supplée par les gestes; elle élève les bras, elle agite son voile: mais toutes ces circonstances sont bien plus propres à toucher le lecteur que Thésée. Ariadne retourne à sa tente, où elle adresse à son lit un très-long discours; elle lui demande des conseils et des remèdes, quand tout à coup elle est saisie de la peur des loups, des lions, des tigres, des monstres marins; il n'est presque point de bête féroce ou sauvage qu'elle ne prenne soin de nommer; elle se repent d'avoir sauvé les jours de Thésée! et, revenant sur ce qu'elle a déjà dit, elle termine sa lettre, qui ne renferme rien qui puisse faire rougir et repentir Thésée de son inconstance et de sa perfidie.

« S'il était possible de former une table où les pensées et les passions d'une même espèce fussent ordonnées et disposées de manière qu'on pût en saisir les nuances, la succession, le mélange et la gradation, on verrait que chaque passion a son langage déterminé, et sa marche propre et particulière, dont on ne peut s'écarter qu'en tombant dans le raffinement de l'affection. La grande difficulté, c'est de savoir appliquer aux cas particuliers les idées générales, ainsi que l'a fait Virgile, qui, en suivant les pensées de Catulle, d'Homère et de plusieurs autres poètes, a eu le secret de se les rendre propres en les individualisant, et de leur imprimer ainsi le caractère de l'originalité.

« Cependant le souverain des dieux entend l'imprécation d'Ariadne, et l'approuve par un mouvement de tête qui ébranle les fondemens de la terre, soulève les abîmes des mers, et fait trembler l'immense voûte de l'Olympe; les ombres de l'oubli enveloppent tout à coup la mémoire de Thésée, qui, n'ayant pu se rappeler les ordres qu'il avait reçus de son père, et jusqu'alors présens à son souvenir, voit ce vieillard malheureux se précipiter du haut d'une tour dans les gouffres de la mer.

« Ainsi le ciel, vengeur d'Ariadne, fait expier à Thésée le crime de sa perfidie en le condamnant aux larmes du deuil et de la douleur, au moment même où il s'attendait à ne verser que celles du bonheur et de la joie.

« Cette tragédie finit par un dénoûment heureux: Bacchus, épris d'amour pour Ariadne, arrive pour la consoler accompagné du cortège bruyant et tumultueux des Satyres et des Silènes : les uns agitent leurs thyrses, et, prenant des attitudes extravagantes, poussent de longs cris dans les airs; les autres se disputent les membres sanglans d'un taureau qu'ils viennent de mettre en pièces; ceux-ci s'entourent de serpens tout vifs; ceux-là, les mains élevées, frappent des tambours bruyans; aux accens aigus des bassins d'airain se mêle le son enroué des cornets, et l'air retentit au loin du chant sauvage des flûtes barbares.

« On croit voir un de ces bas-reliefs où le ciseau d'un sculpteur habile a représenté le triomphe de Bacchus et d'Ariadne, avec cette différence néanmoins que la poésie a sur les arts du dessin l'avantage d'exposer les développemens et les détails successifs d'un sujet donné, de varier les attitudes, de multiplier les scènes, et d'en rendre le mouvement même.

« Cet intéressant épisode est suivi de ce qui se passe de plus grand et de plus mémorable aux noces de Thétis et de Pélée. Toutes les divinités, à l'exception d'Apollon et de Latone, s'empressèrent d'y assister; après qu'elles se furent assises autour de la table du festin, les Parques se mirent à chanter les destinées des nouveaux époux : elles leur prédirent surtout la naissance de ce fier et superbe Achille, qui devait faire tant de mal à Troie, et tant d'honneur à la Grèce. »

LXV.

Catulle, à la demande d'Hortalus, avait entrepris de traduire du grec de Callimaque le poëme de *la Chevelure de Bérénice* : mais la douleur que lui causa la mort d'un frère adoré l'empêcha d'abord de terminer cet ouvrage; ce ne fut que plus tard qu'il put recouvrer assez de sang-froid, assez de pouvoir sur lui-même pour s'acquitter de la promesse qu'il avait faite à Hortalus. La pièce qui nous occupe a donc le double but d'expliquer à son ami la triste cause de ce retard, et de lui témoigner toute sa reconnaissance des bienfaits qu'il en a reçus. C'est donc une véritable épître dédicatoire de la pièce suivante.

Quel était cet Hortalus? Vossius assure que c'était le petit-fils de l'orateur Hortensius : mais il n'est guère probable que Catulle, contemporain du grand-père, ait pu adresser ces vers au petit-fils.

Aussi Doëring croit-il reconnaître, dans cet Hortalus, Hortensius lui-même, qui, au rapport de Cicéron (*Lettres à Atticus*, liv. II, lett. 25, et liv. IV, lett. 15), a porté le surnom d'Hortalus aussi bien que son fils et son petit-fils. C'est d'ailleurs ce qu'il importe peu de savoir.

LXVI.

Cette élégie, comme nous venons de le dire, est traduite de Callimaque : voici à quelle occasion elle fut composée.

Ptolomée-Philadelphe, le second des Ptolomées, qui depuis Alexandre occupa le trône d'Égypte, fit bâtir un temple à sa femme Arsinoé, où il voulut qu'elle fût adorée sous le nom de *Vénus Zéphyritis*. Il eut deux enfans, Ptolomée-Évergète et Bérénice; unis par les liens du sang, le frère et la sœur s'unirent encore par ceux du mariage : on sait que ces sortes d'unions n'avaient rien de contraire aux coutumes de l'ancienne Égypte. Peu de jours après, Ptolomée se vit obligé de s'arracher aux embrassemens de Bérénice, pour combattre les Assyriens. Bérénice inconsolable promit à Vénus Zéphyritis le sacrifice de sa chevelure, si le roi retournait vainqueur. Cependant Ptolomée attaque les ennemis, les bat, les disperse, unit l'Asie et l'Égypte, et revient triomphant dans les bras de Bérénice, qui, fidèle à son serment, s'empresse de l'accomplir. Le lendemain même, la chevelure disparut du temple; les recherches furent vaines, on ne l'y retrouva point. Pour apaiser le ressentiment de la reine, Conon, le plus célèbre des astronomes de son temps, vraisemblablement gagné par les prêtres, feignit d'avoir vu la chevelure transportée et placée dans le firmament. Il y avait alors entre les quatre astérismes de la *Vierge*, du *Lion*, de la *grande Ourse* et du *Bouvier*, sept étoiles qui n'avaient point de nom, comme il paraît qu'au temps d'Auguste on n'en avait point encore donné aux étoiles de la *Lyre*, où Virgile transporta l'image de ce prince, entre la *Vierge* et le *Scorpion*.

Callimaque, pour plaire à la reine, mit en vers l'apothéose de ses cheveux; et si jamais l'adulation ne fut portée plus loin, jamais aussi, j'ose le dire, elle ne fut plus ingénieuse. Pour sentir la vérité de ce que j'avance, il faut se transporter au temps où

Callimaque écrivit, et se bien pénétrer des mœurs et des opinions de son siècle et de son pays.

On ne sera plus surpris qu'une chevelure parle, s'afflige, désire, si l'on fait attention qu'elle est déjà changée en étoile, et que, dans le système des anciens philosophes, les corps célestes étaient non-seulement animés, mais doués d'une intelligence bien supérieure à celle de l'homme. Et de quel front les Égyptiens et les Grecs auraient-ils refusé de croire à cette apothéose? ceux-ci n'avaient-ils pas mis au nombre des constellations la couronne d'Ariadne, et ceux-là le vaisseau d'Isis, le Nil et le *Delta*, c'est-à-dire la figure de la Basse Égypte? D'ailleurs avec quelle adresse, pour ôter à la raison la liberté de s'attacher à ce que la fiction peut avoir d'invraisemblable, Callimaque, par les circonstances dont il environne son récit, prend soin de réveiller, d'occuper et d'intéresser l'amour-propre! Il rappelle à Bérénice la magnanimité qu'elle a montrée dès ses premières années : il lui parle de sa tendresse, de son courage et des preuves qu'elle a données de l'un et de l'autre. Aux louanges de la reine il mêle celles du roi, qui n'a eu besoin que de se montrer pour triompher de ses ennemis et joindre l'Asie à l'Égypte.

Il y a dans la description de cette apothéose un charme qu'il n'est donné qu'à la poésie de répandre sur la pensée et sur la parole. C'est au plus doux de tous les vents, c'est à Zéphyre, frère unique de Memnon et fils de l'Aurore, qu'est réservé l'honneur d'enlever et de suspendre au firmament les cheveux de Bérénice, encore humides des larmes dont cette jeune princesse les avait arrosés; il vole et perce les voiles obscurs de la nuit, et dépose la précieuse dépouille dans le sein de Vénus, qui la divinise et la place au nombre des étoiles. Bacchus n'est plus la seule divinité qui ait fait un présent au ciel en y attachant la couronne d'Ariadne; non moins puissante et non moins heureuse, Arsinoé y a suspendu les cheveux de Bérénice, sa fille, métamorphosés en un nouvel astre. Cependant, toute divinisée qu'elle est, la chevelure regrette son premier état; elle préférerait à l'honneur de parer les cieux, celui de parer encore la tête de Bérénice.

Tel est le sujet et la substance de ce charmant poëme, qui, environ deux siècles après, fut mis en vers latins par Catulle. La traduction est restée, mais l'original a péri : il n'en subsiste aujourd'hui que deux distiques, dont l'un nous a été transmis par le scoliaste d'Apollonius, et l'autre par celui d'Aratus; ce qui nous réduit à l'impossibilité d'examiner jusqu'à quel point le traducteur s'est rapproché ou écarté de l'original.

LXVII.

Quel est cette femme galante? quel est ce Balbus? quels sont ce père et ce mari dont il s'agit ici? C'est ce qu'il n'est pas facile même de conjecturer. Mais comme cette pièce n'offre d'ailleurs rien de bien piquant, pour nous du moins, il n'y a pas beaucoup à regretter que les lumières nous manquent pour dissiper l'obscurité dont elle est entourée.

Corradini, qui, en sa qualité de commentateur, ne doute de rien, explique ainsi cette énigme. La scène est à Vérone; la maison en question est celle de Balbus, père de Lesbie; Lesbie est cette maîtresse de Catulle, cette Lesbie que vous savez, qu'il accable tour-à-tour de caresses et d'injures. Le mari est ce même butor que Catulle voudrait jeter par-dessus le pont de Colonia, dans la vase d'un marais (pièce XVII). Quant au Cécilius à qui appartient maintenant la maison, c'est celui qui a célébré Cybèle dans un poëme dont Catulle a fait l'éloge (XXXV). Tout cela est fort bien arrangé, fort vraisemblable; mais de preuves, aucune. Ce qu'il y a pour nous de clair, d'évident, c'est que cette pièce est un dialogue entre le poète et la porte d'une femme galante, comme on en trouve dans Properce, dans Ovide et dans presque tous les poètes érotiques.

LXVIII.

Parthenius et plusieurs autres commentateurs veulent que cette élégie ait pour but de consoler Manlius de la mort de sa femme Julie, de cette Julie dont Catulle a chanté les vertus et les grâces dans un admirable épithalame (LXI); mais plusieurs passages de cette pièce nous donnent lieu de penser avec Scaliger, Volpi et Doëring, qu'il s'agit ici tout simplement d'une de ces disgrâces si communes en amour; et que Catulle n'a eu pour but que de consoler Manlius de l'infidélité de sa maîtresse.

Muret, qui avait beaucoup de goût pour un commentateur,

nous paraît en avoir manqué quand il a fait de cette pièce ce pompeux éloge : *Pulcherrima, omnino, inquit, hæc elegia est, atque haud scio, an una pulchrior in omni lingua Latina reperiri queat : nam et dictio purissima est ; et mira quædam affectuum varietate permista oratio ; et tot ubique aspersa verborum ac sententiarum lumina, ut ex hoc uno poemate perspicere liceat quantum Catullus ceteris in hoc genere omnibus præstare potuerit, si vim ingenii sui ad illud excolendum contulisset.* L'autorité de Muret est sans doute fort imposante ; mais elle ne peut justifier les digressions, l'on peut même dire les divagations mythologiques dans lesquelles Catulle s'égare, et qui lui font tout-à-fait perdre de vue le sujet principal.

Veronæ turpe Catullo Esse, quod hic quisquis, etc. (v. 27 et 28). Ce passage a embarrassé les commentateurs qui ne sont pas d'accord sur le sens qu'il faut lui donner. Il nous semble cependant que si l'on entend le mot *hic* par Rome, où demeurait alors Manlius, le reste devient facile à comprendre, et peut s'interpréter ainsi : « Quant à ce que tu m'écris, qu'il est honteux pour Catulle de rester à Vérone, tandis que les gens les plus distingués, les gens de marque (*de meliore nota*) s'efforcent en vain de réchauffer leurs membres glacés dans leur lit désert, cela, Manlius, n'a rien de honteux pour moi, etc. » C'est sans doute une allusion à la solitude où Manlius se trouve réduit par la trahison de sa maîtresse ; et il est tout simple qu'en pareil cas il réclame les consolations de Catulle, son ami.

Huc una ex multis capsula me sequitur (v. 36). Il faut entendre par *capsula* une espèce de caisse où l'on renfermait les manuscrits ; d'où l'on a formé le mot *capsarii*, pour désigner les esclaves qui portaient les livres des enfans nobles qui se rendaient aux écoles publiques.

Hæc charta loquatur anus (v. 46). Il y a après ces mots, dans les manuscrits, une lacune que les commentateurs se sont efforcé de remplir par différens vers de leur façon dont nous ferons grâce au lecteur, parce qu'ils ne sont ni de Catulle, ni dignes de Catulle.

Arguta constitit in solea (v. 72). Ce mot *arguta* peut s'entendre de deux manières, soit de la petitesse élégante d'un pied mignon, soit du son léger que fait en entrant la chaussure d'une maîtresse adorée. Quel est l'amant qu'un bruit semblable, ou le *froufrou* d'une robe de soie, ou tout autre circonstance semblable n'a pas fait quelquefois doucement tressaillir.

Protesilaëam Laodamia domum (v. 74). L'histoire de Protésilas et de Laodamie est trop connue pour que nous la rapportions. D'ailleurs, cette comparaison de la maîtresse de Catulle avec Laodamie nous semble forcée, et n'est placée ici que pour servir de transition à un épisode qui ne tient en rien au sujet. Les longs épisodes sont le défaut de Catulle : celui d'Ariadne dans les noces de Thétis et de Pélée, se rachète du moins par la beauté de la poésie; mais je ne vois rien de bien saillant, ni dans le tour ni dans l'expression de celui dont il s'agit ici, quoi qu'en dise Muret.

Tanto te absorbens vortice amoris (v. 107). Que signifie encore cette comparaison entre la profondeur de l'amour de Laodamie et celle du gouffre de Lerne desséché par Hercule ? Si cela n'est pas du plus mauvais goût, qu'est-ce qu'on appelle du pathos ? Tous les commentateurs du monde auraient bien de la peine à nous prouver que les travaux d'Hercule et ses noces avec Hébé, ne soient pas un hors-d'œuvre dans un hors-d'œuvre. Malgré tous les défauts que nous avons signalés dans cette pièce, elle est loin d'être sans mérite : rien de si noble, sans doute, que l'expression de la reconnaissance de Catulle envers Manlius; rien de plus tendre que ses regrets sur la mort de son frère; rien de plus délicat que les louanges qu'il donne à sa maîtresse; mais tout cela réuni, faute d'ensemble, en fait à notre avis une des pièces les plus médiocres de notre auteur.

LXIX.

C'est ici que commencent, à proprement parler, les épigrammes de Catulle. La plupart sont si obscènes, qu'on nous dispensera de les annoter; rarement d'ailleurs, on est forcé de le dire, la grossièreté du sujet est rachetée par la finesse du trait ou la grâce de l'expression : ce ne sont, pour la plupart du temps, que de sales injures, que chez nous des charretiers ivres oseraient à peine proférer. Permis à ceux qui admirent tout dans les anciens, d'en faire l'éloge; pour nous, nous avouons franchement que le mérite du plus grand nombre de ces épigrammes nous échappe entièrement.

Noli admirari, quare tibi fœmina nulla, Rufe (v. 1). Gardez-vous, comme l'a fait Achille Statius, de confondre le Rufus dont il est question dans ces vers, avec Célius Rufus, orateur célèbre à l'époque où vivait Catulle.

Valle sub alarum trux habitare caper (v. 6). Catulle conseille amicalement à Rufus, de ne pas s'étonner si aucune femme ne veut de lui, parce qu'il sent furieusement le gousset. On reprochait, dit-on, la même infirmité à notre Henri IV, de galante mémoire ; et Ovide, le législateur des amours, recommande à ses disciples (*Art d'aimer*, liv. I, v. 522) de se tenir en garde contre ce défaut de propreté :

> Nec male odorati sit tristis anhelitus oris,
> Nec lædant nares *virque paterque gregis* ;

et liv. III, v. 193 :

> Quam pæne admonui, ne *trux caper iret in alas*.

Nous nous abstiendrons d'autres citations, par égard pour le nez de nos lecteurs.

LXX.

Cette épigramme sur l'inconstance des femmes, pouvait avoir pour les Romains du temps de Catulle, le mérite de la nouveauté ; mais, pour nous, ce n'est qu'un lieu commun rebattu.

LXXI.

Il est impossible de traduire littéralement cette pièce en français. Elle roule sur un pauvre diable, probablement le Rufus dont il s'agit plus haut, qui augmentait par des excès de débauche les douleurs de goutte qui le minaient, et qui infectait sa maîtresse par l'odeur de bouc qu'il exhalait. Cela n'est pas autrement intéressant.

LXXII.

Cette pièce commence par un madrigal et se termine par une épigramme. Mais ici, du moins, il n'y a rien dont la pudeur ait à rougir. Une épigramme de Paul le Silentiaire (dans les *Analectes* des anciens poètes grecs de Brunck) se rapporte à ce sujet:

Ὕβρις ἔρωτας ἔλυσε· μάτην ὅδε μῦθος ἀλᾶται
Ὕβρις ἐμὴν ἐρέθει μᾶλλον ἐρωμανίην.

LXXIII.

Trahi par un de ses amis les plus intimes, Catulle en prend occasion de s'élever contre l'ingratitude des hommes en général. Quelques commentateurs pensent que l'ami perfide auquel cette pièce fait allusion, est ce même Alphenus Varus, jurisconsulte, auquel s'adresse la xxxe pièce.

LXXIV.

Il y a dans ces vers une double obscénité: ils représentent un certain Gellius (peut-être le même que Cicéron a flétri dans son discours *pour Sextius*), qui est à la fois l'amant de sa tante et de son oncle; les mots : *Nam, quamvis inrumet ipsum Nunc patruum* (v. 5) ne laissent aucun doute à cet égard. On voit qu'en fait d'adultère, les héros de nos drames romantiques ne sont que de petits garçons à côté des Romains du temps de Catulle.

LXXV.

Le sens de ces vers est à peu près le même que celui de la pièce LXXII, sur l'ingratitude de Lesbie. Les sentimens qu'expriment les quatre premiers vers, sont pleins d'amour et de délicatesse. Pezay trouve les quatre derniers obscurs; ils paraissent à M. Noël très-propres à peindre le délire de la passion : cela ne prouve pas qu'ils soient très-clairs. J'ai tâché d'y trouver un sens, et j'avoue que ce n'est pas sans peine ; aussi, je le donne non comme *bon*, mais comme *mieux*.

LXXVI.

C'est à tort, selon nous, que cette pièce se trouve classée parmi les épigrammes : c'est une élégie véritable, et une fort belle élégie, où respire la plus grande sensibilité.

Quin te animo obfirmas (v. 11)? Ce n'est pas la première fois que Catulle s'excite lui-même à la fermeté, sans pouvoir parvenir à vaincre le penchant qui l'entraîne vers la perfide Lesbie. *Voyez* la pièce VIII, où il répète dans le même sens : *Jam Catullus obdurat ; Catulle, destinatus obdura ;* comme ces poltrons qui se battent les flancs, pour se donner du courage, mais qui saignent du nez au moment du combat.

LXXVII.

Ces vers s'adressent-ils à M. Cécilius Rufus, orateur célèbre, dont parle Pline dans le VII livre de son *Histoire Naturelle ?* Ce Rufus est-il le même auquel Catulle, dans la pièce LXIX, reproche de sentir le bouc ? Il est difficile de répondre affirmativement à l'une ou à l'autre de ces deux questions. S'il était vrai que ce perfide ami qui a soufflé à Catulle sa maîtresse, fût le même qu'il raillait naguère de ce que toutes les femmes fuyaient ses perfides exhalaisons, il paraîtrait que, pour s'en venger, Rufus se serait mis en bonne odeur auprès de Lesbie. Ces femmes romaines avaient de si singuliers caprices !

LXXVIII.

Toujours des obscénités ; mais celles-ci, du moins, sont assez spirituellement exprimées : il y a de la grâce dans la triple répétition du mot *bellus*, qui exprime l'élégance des manières, l'urbanité, et en même temps la corruption des mœurs. Martial en offre la définition complète dans l'épigramme 63 du livre III :

Bellus homo est, flexos qui digerit ordine crines ;
Balsama qui semper, cinnama semper olet, etc.

LXXIX.

Volpi et Doëring placent ces quatre vers à la fin de la pièce précédente ; mais comme ils n'offrent aucune liaison avec ceux auxquels on a voulu les joindre, et qu'ils gâtent ainsi placés une jolie épigramme, j'ai cru devoir les en séparer, et les présenter ici comme un fragment qui, d'ailleurs, n'offre que des détails révoltans d'obscénité.

LXXX, LXXXI, LXXXII et LXXXIII.

Dans les trois premières pièces, des saletés, et rien de plus : cela n'est susceptible ni de notes ni de commentaire. La quatrième, dit M. Noël, n'a d'autre mérite que d'exprimer assez heureusement un sentiment tendre. C'est bien quelque chose.

LXXXIV.

Il y a dans le tour de cette épigramme quelque chose de vif et de gai. Les mots *fatuo* et *mule* semblent désigner ce même nigaud de mari que Catulle appelle *stupor* dans la pièce XVII, *sur la ville de Colonia*.

Irata est : hoc est, uritur et loquitur (v. 6). Ovide, dans son poëme intitulé le *Remède d'amour* (v. 697), nous semble avoir beaucoup mieux rendu la même pensée :

> Qui silet, est firmus; qui dicit multa puellæ
> Probra, satisfieri postulat ipse sibi.

La Chapelle, dont les imitations sont rarement heureuses, a terminé la traduction de cette pièce de Catulle, par un vers assez joli :

> Elle se plaint de moi; je suis toujours aimé.

LXXXV.

Cette épigramme a pour nous peu de sel; pour en sentir le mérite il faudrait être initié à toutes les délicatesses de la prononciation chez les Romains; et c'est ce dont nous ne pouvons guère nous flatter. Je suis convaincu que si Cicéron revenait au monde, il ne comprendrait pas un mot de ces belles harangues académiques que l'on déclame tous les ans à la Sorbonne; pas plus qu'un Français ne peut comprendre le latin, comme on le prononce dans les universités d'Angleterre, où les *a* se changent en *e*, les *e* en *i*, les *i* en *aï*, etc. Quelle est donc la véritable prononciation du latin ? C'est ce qu'il est impossible de décider : il est probable pourtant que les Allemands et surtout les Italiens en sont plus près que nous.

LXXXVI.

Ce distique assez joli semble avoir inspiré à Martial l'idée de cette épigramme :

> Non amo te, Sabidi, nec possum dicere quare;
> Hoc tantum possum dicere : non amo te;

que Bussy Rabutin me semble avoir rendue assez heureusement, par ces quatre vers :

> Je ne vous aime point, Hylas,
> Je n'en saurais dire la cause :
> Je sais seulement une chose,
> C'est que je ne vous aime pas.

LXXXVII.

Il y a de la finesse et de la grâce dans ce parallèle de Lesbie et de Quintia, que Catulle nous peint : *Candida, longa, recta*. Ce vers surtout est charmant :

> Nulla in tam magno est corpore mica salis.

Pourquoi faut-il que notre langue n'ait aucune expression qui rende cette expression heureuse : *mica salis ?* Que manquait-il donc à cette Quintia, d'ailleurs grande, blanche et bien faite ? La Fontaine nous l'apprend dans ce vers, devenu proverbe :

> C'est la grâce, plus belle encor que la beauté.

LXXXVIII, LXXXIX, XC et XCI.

Encore des saletés, des injures grossières que j'ai été forcé de traduire, mais qu'on me dispensera de commenter.

XCII.

Lorsque Catulle parle de sa Lesbie, soit en bien, soit en mal, il est presque toujours heureusement inspiré : ce joli madrigal en offre une nouvelle preuve. Parmi les nombreuses imitations de cette pièce, je ne citerai que la suivante, qui a du moins le mérite de la simplicité; elle est de Bussy Rabutin :

> Philis dit le diable de moi;
> De son amour et de sa foi
> C'est une preuve assez nouvelle :
> Ce qui me fait croire, pourtant,
> Qu'elle m'aime effectivement,
> C'est que je dis le diable d'elle,
> Et que je l'aime éperdument.

XCIII et XCIV.

Quintilien, pour faire sa cour à Domitien, exprimait ainsi son opinion sur le premier de ces distiques, dans le livre XI de ses *Institutions oratoires* : *Negat se magni facere aliquis pœtarum, utrum Cæsar ater an albus homo sit: verte, ut idem Cæsar de illo dixerit, arrogantia est.* Cette épigramme offre pourtant, quoi qu'en dise le bon Quintilien, une expression de mépris aussi simple qu'énergique. D'ailleurs, ces mots *Utrum sis albus an ater homo*, aussi bien que ceux-ci du second distique, *Ipsa olera olla legit*, étaient des locutions proverbiales dont nous n'avons pas en français l'équivalent. Vossius entrevoit des turpitudes, sous ces mots *olla* et *olera*, et il entre à ce sujet dans des divagations plus obscures que le texte; pour moi, qui n'y vois que des légumes et une marmite, je ne crois pas que cela vaille la peine de tant tourner autour du pot.

XCV.

Un ami de Catulle, Cinna, fidèle au précepte d'Horace, *Nonum prematur in annum*, avait mis neuf ans à revoir et polir un poëme intitulé *Smyrna*, dont Servius fait l'éloge à propos de ce vers de la ixe églogue de Virgile :

> Nam neque adhuc Varo videor, nec dicere Cinna
> Digna.........

mais que Martial (liv. x , épigr. 21) trouve obscur. On ignore quel en était le sujet : Scaliger soupçonne que c'étaient les amours de Cinire et de Myrrha, sa fille, parce que les Grecs appellent σμύρνην les larmes de la myrrhe. Parthenius croit que ce poëme chantait les hauts faits d'une Amazone, nommée *Smyrna*. Peut-être est-ce tout simplement l'éloge de Smyrne, cette belle ville d'Asie, berceau de la Fable et patrie présumée d'Homère.

XCVI.

Voici Catulle revenu au ton de l'élégie ; il a retrouvé cette grâce touchante, cette élégante simplicité, qui sont le cachet de son talent. Cependant, la dernière pensée de cette pièce n'est pas exempte d'une certaine afféterie ; mais que ne rachètent pas des vers tels que ceux-ci :

> Quo desiderio veteres renovamus amores,
> Atque olim amissas flemus amicitias.

Comment se fait-il que le même homme qui a écrit cela, soit l'auteur des dégoûtantes épigrammes qui précèdent et qui suivent cette pièce charmante ?

XCVII et XCVIII.

Il m'a fallu bien du travail, bien des efforts, pour offrir à mes lecteurs une traduction supportable de ces saletés sans esprit. Il ne fallait pas moins que la loi que je m'étais imposée de tout traduire, pour me décider à entreprendre cette tâche bien autrement pénible et rebutante, que de curer les étables d'Augias ; et il s'en faut de beaucoup que je sois un Hercule.

La première de ces pièces est sans doute imitée de cette épigramme de Nicéarque, qu'on trouve dans l'*Anthologie*, où Catulle aurait dû la laisser :

> Τὸ στόμα χὠ πρωκτὸς ταυτὸν, Θεόδωρε, σου ὄζει,
> Ὥστε διαγνῶναι τοῖς φυσικοῖς καλὸν ἦν.

Ἢ γράψαι σε ἔδει ποῖον στόμα, ποῖον ὁ πρωκτός.
Νῦν δὲ λαλοῦντος σου, κἄμμιγα περδομένου,
Οὐ, δύναμαι γνῶναι πότερον ἔχανεν, Θεόδωρος,
Ἢ ϐδέσ'. ἔχει γὰρ, ἔχει πνεῦμα κάτω καὶ ἄνω.

XCIX.

Pourquoi faut-il que cette élégie ne s'adresse pas à une femme ? mais aussi pourquoi la seconde églogue de Virgile s'adresse-t-elle à un jeune garçon ? Il faut se résigner à oublier cette erreur des sens, quand on lit les poètes anciens, et juger leurs vers en eux-mêmes, indépendamment du sujet. Il n'y a dans toute cette pièce qu'un seul vers à reprendre :

Tanquam comminctæ spurca saliva lupæ,

qui présente une image dégoûtante : tout le reste respire la délicatesse d'une passion véritable.

C.

Il me semble que cette pièce serait beaucoup meilleure si elle se terminait au quatrième vers,

Fraternum vere dulce sodalitium,

qui offre un excellent trait d'épigramme. Le reste me semble assez commun, à l'exception de cette expression énergique, *sis in amore potens*, qui rappelle une épigramme de Rhulière, sur un certain baron de Montmorency, qui, dans une lutte amoureuse, ne pouvait en venir à son honneur : elle se termine par ces vers plaisans, qui font allusion à la devise de cette famille illustre. La belle, dit Rhulière,

....S'écria : Dieu soit en aide
Au premier baron chrétien !

CI.

Le respect religieux des anciens, et surtout des Romains, pour les morts, les réhabilite à mon sens du reproche d'insensibilité qu'on serait souvent tenté de leur adresser. S'il s'y mêlait beaucoup de superstition, cette superstition devenait respectable par son objet. Ces usages pieux sont appréciés d'une manière touchante dans ces beaux vers de Roucher :

> Ce respect pour les morts, fruit d'une erreur grossière,
> Touchait peu, je le sais, une froide poussière,
> Qui tôt ou tard s'envole éparse au gré des vents,
> Et qui n'a plus enfin de nom chez les vivans ;
> Mais ces tristes honneurs, ces funèbres hommages,
> Ramenaient les regards sur de chères images ;
> Le cœur près des tombeaux tressaillait ranimé,
> Et l'on aimait encor ce qu'on avait aimé.

In perpetuum, frater, have atque vale (v. 10). C'était la formule consacrée pour le dernier adieu qu'on adressait aux morts qu'on venait d'inhumer. Ainsi Virgile (*Énéide*, liv. XI, v. 97) a dit :

> ......Salve æternum mihi, maxime Palla,
> Æternumque vale.

CII.

Ces vers prouvent seulement que Catulle savait garder un secret ; mais s'il n'en eût jamais fait de meilleurs, personne n'aurait deviné en lui le grand poète.

Factum me esse puta Harpocratem (v. 4). On sait qu'Harpocrate était le dieu du silence, et que sa statue, placée dans le temple d'Isis et de Sérapis, était représentée un doigt sur la bouche.

CIII.

Il paraît que ce Silon était un de ces courtiers d'amour que notre Béranger a si plaisamment stigmatisés dans sa chanson de *l'Ami Robin*. Celui dont parle Catulle joignait à ses autres qualités celle de maltraiter les galans qui lui avaient payé le prix de courtage convenu. C'était trop de moitié, comme le dit ailleurs Catulle (cx), de garder à la fois l'argent et la marchandise.

CIV.

Les commentateurs se livrent à des hypothèses à perte de vue, à propos du dernier vers de cette épigramme. Les uns lisent

NOTES.

Tappone, et en font le nom d'une famille romaine dont parle Tite-Live (liv. XXXVII, ch. 43); les autres *Coponi*, et ils vont chercher jusque dans les *Annales des Pontifes*, un Coponius accusé d'empoisonnement, sous les consuls D. Junius Silanus et L. Licinius Muréna. Je ne finirais pas si, je rapportais toutes leurs conjectures à ce sujet; mais j'aime mieux m'en tenir à la plus vraisemblable, celle de Muret et de Parthenius, qui lisent *caupone*, cabaretier. On sait que de tout temps les aubergistes ont eu la réputation de faire des propos et des récits exagérés.

CV et CVI.

La traduction de ces deux pièces paraîtra bien insignifiante à mes lecteurs; mais qu'ils la comparent avec le texte, et ils verront que s'il y a ici un coupable, ce n'est pas moi. Je serais tenté de croire que ces vers furent composés pour servir d'épigraphe à des tableaux satiriques qui représentaient, l'un, Mamurra, précipité par les Muses du Parnasse qu'il s'efforçait de gravir; l'autre, un jeune garçon auprès d'un de ces crieurs publics qui, chez les Romains, remplissaient l'office de nos huissiers-priseurs.

CVII.

Ce ne sont pas là des vers froidement composés dans le cabinet pour une maîtresse imaginaire; c'est la vive expression de la joie que ressent le poète du retour de Lesbie à de plus tendres sentimens pour lui. Il revient encore sur ce sujet dans la pièce CIX, et l'on voit qu'il est prêt à pardonner à Lesbie toutes ses infidélités, si elle veut tenir le serment qu'elle vient de lui faire de l'aimer désormais pour la vie.

CVIII.

Les commentateurs prétendent que ce Cominius était un méchant avocat, délateur impudent, qui se *faisait payer* cher pour parler, et plus cher encore pour se taire, comme celui dont parle Martial dans cette épigramme:

> Quod clamas semper, quod agentibus obstrepis, Heli,
> Non facis hoc gratis; accipis ut taceas,

Il est difficile d'ailleurs de faire des vœux plus barbares que ceux que Catulle profère ici contre Cominius. Les deux derniers vers de cette pièce rappellent ceux-ci d'*Athalie* (acte II, sc. 5):

> Des lambeaux pleins de sang, et des membres affreux,
> Que des chiens dévorans se disputaient entre eux.

CX.

Ovide s'élève aussi avec indignation contre ces courtisanes sordides et de mauvaise foi, qui, après avoir reçu le prix convenu de leurs faveurs, refusent de se prêter aux désirs de l'homme qui les a payées:

> Illa potest vigilis flammas extinguere Vestæ
> Et rapere e templis, Inachi, sacra tuis;
> Et dare mixta viro tristis aconita cicutis
> Accepto venerem munere si qua negat.

CXI.

Les Romains qui, dans le dérèglement de leurs mœurs, se montraient si indulgens pour la pédérastie, avaient horreur de l'union d'une nièce avec son oncle paternel, qu'ils regardaient comme un inceste; c'est que chez eux les cousins germains, issus des deux frères, se regardaient eux-mêmes comme frères, et s'appelaient *fratres* ou *fratres patrulles*. Les Égyptiens, au contraire, beaucoup trop indulgens à cet égard, permettaient l'union du frère avec la sœur, comme nous l'avons vu plus haut dans le poëme LXVI, intitulé *la Chevelure de Bérénice*.

CXII ET SUIVANTES.

Nous nous abstiendrons de toute espèce de notes et de commentaires sur les pièces suivantes, d'abord, parce qu'elles n'offrent que peu ou point d'intérêt; ensuite, parce qu'elles sont pour la plupart si obscures, qu'avec la meilleure volonté du monde, il est presque impossible d'y découvrir un sens raisonnable.

FIN.

TABLE.

	Pages.		Pages.
Notice sur Catulle	j	33. Contre les Vibennius	51
Poésies de C. V. Catulle.		34. Hymne en l'honneur de	
1. A Cornelius Nepos	3	Diane	id.
2. Au passereau de Lesbie	5	35. Invitation à Cécilius	53
3. Il déplore la mort du pas-		36. Contre les Annales de Vo-	
sereau	id.	lusius	55
4. Dédicace d'un vaisseau	7	37. Aux habitués d'un mauvais	
5. A Lesbie	9	lieu	57
6. A Flavius	11	38. A Cornificius	59
7. A Lesbie	id.	39. Contre Egnatius	id.
8. Catulle à lui-même	13	40. A Ravidus	61
9. A Verannius	15	41. Contre la maîtresse de Ma-	
10. Sur la maîtresse de Varrus	id.	murra	id.
11. A Furius et Aurelius	19	42. Contre une courtisane	63
12. Contre Asinius	21	43. Contre la maîtresse de Ma-	
13. A Fabullus	id.	murra	65
14. A Calvus Licinius	23	44. A sa campagne	id.
15. A Aurelius	25	45. Acmé et Septimius	67
16. A Aurelius et Furius	27	46. Le retour du printemps	69
17. A la ville de Colonia	id.	47. A Porcius et Socration	71
18. Au dieu des jardins	31	48. A Juventius	id.
19. Le dieu des jardins	id.	49. A M. T. Cicéron	73
20. Même sujet	33	50. A Licinius	id.
21. A Aurelius	35	51. A Lesbie	75
22. A Varrus	id.	52. Sur Struma et Vatinius	77
23. A Furius	37	53. D'un quidam et de Calvus	id.
24. Au jeune Juventius	39	54. A César	id.
25. A Thallus	41	55. A Camerius	79
26. A Furius	id.	56. A Caton	81
27. A son échanson	43	57. Contre Mamurra et César	id
28. A Verannius et Fabullus	id.	58. Sur l'infidélité de Lesbie	83
29. Contre César	45	59. Sur Rufa et Rufulus	id.
30. A Alphenus	47	60. ?	id.
31. A la presqu'île de Sirmio	49	61. Épithalame de Julie et de	
32. A Ipsithilla	id.	Manlius	85

TABLE.

	Pages.		Pages.
62. Chant nuptial	101	90. Contre Gellius	187
63. Atys	107	91. Contre Gellius	id.
64. Les noces de Thétis et de Pélée	115	92. De Lesbie	189
		93. Contre César	id.
65. A Hortalus	143	94. Contre Mentula	id.
66. La chevelure de Bérénice	145	95. Sur la Smyrne du poète Cinna	191
67. A la porte d'une femme galante	153	96. A Calvus, sur la mort de Quintilie	id.
68. A Manlius	157		
69. Contre Rufus	169	97. Contre Émilius	193
70. De l'inconstance des femmes en amour	id.	98. A Vectius	id.
		99. A Juventius	195
71. A Virron	id.	100. Sur Célius et Quintius	id.
72. A Lesbie	171	101. Aux mânes de son frère	197
73. Contre un ingrat	id.	102. A Cornelius	id.
74. Contre Gellius	173	103. A Silon	199
75. A Lesbie	id.	104. A un quidam, sur Lesbie	id.
76. A lui-même	175	105. Contre Mentula	201
77. A Rufus	177	106. Le jeune garçon et le crieur public	id.
78. Sur Gallus	id.		
79. Fragment	id.	107. A Lesbie	id.
80. Contre Lesbius	179	108. Contre Cominius	203
81. A Gellius	id.	109. A Lesbie	id.
82. A Juventius	181	110. A Aufilena	id.
83. A Quintius	id.	111. A Aufilena	205
84. Sur le mari de Lesbie	id.	112. Contre Nason	id.
85. Sur Arrius	183	113. A Cinna	207
86. Sur son amour	id.	114. Contre Mentula	id.
87. Sur Quintia et Lesbie	185	115. Contre le même	id.
88. Contre Gellius	id.	116. A Gellius	209
89. Sur Gellius	187	Notes	210

36 Auteurs sont complets. — ORDRE DES LIVRAISONS PUBLIÉES. — 170 Livraisons ont paru

LIVRAISONS.
1. JUVÉNAL, I.
2. VELLEIUS PATERCULUS (un seul vol.).
3. PLINE LE JEUNE, I.
4. JUVÉNAL, II. *Complet.*
5. FLORUS (un seul volume).
6. CORNELIUS NEPOS (un seul volume).
7. VALÈRE-MAXIME, I.
8. JUSTIN, I.
9. VALÈRE-MAXIME, II.
10. CÉSAR, I.
11. QUINTE-CURCE, I.
12. CÉSAR, II.
13. PLINE LE JEUNE, II.
14. QUINTE-CURCE, II.
15. VALÈRE-MAXIME, III. *Complet.*
16. CÉSAR, III. *Complet.*
17. VALERIUS FLACCUS (un seul volume).
18. QUINTE-CURCE, III. *Complet.*
19. PLINE LE NATURALISTE, I.
20. STACE, I.
21. SALLUSTE, I.
22. LUCRÈCE, I.
23. PLINE LE NATURALISTE, II.
24. PLINE LE JEUNE, III. *Complet.*
25. PLINE LE NATURALISTE, III.
26. QUINTILIEN, I.
27. CICÉRON, VI. (Oraisons, I.)
28. JUSTIN, II. *Complet.*
29. PLINE LE NATURALISTE, IV.
30. PLINE LE NATURALISTE, V.
31. CICÉRON, VII. (Oraisons, 2.)
32. STACE, II.
33. PLINE LE NATURALISTE, V.
34. TÉRENCE, I.
35. QUINTILIEN, II.
36. SUÉTONE, I.
37. TITE-LIVE, I.
38. TITE-LIVE, XIII.
39. TACITE, IV. (Histoires, I.)
40. CICÉRON, XXX. (Nature des Dieux.)
41. PLINE LE NATURALISTE, VII.
42. CICÉRON, III. (Dialog. de l'Orateur, I.)
43. CICÉRON, XXXII. (Des Devoirs, etc.)
44. PLINE LE NATURALISTE, VIII.
45. CLAUDIEN, I.

LIVRAISONS.
46. CICÉRON, VIII. (Oraisons, 3.)
47. TITE-LIVE, VIII.
48. TÉRENCE, II.
49. HORACE, I.
50. PLINE LE NATURALISTE, IX.
51. TACITE, V. (Histoires, 2.)
52. CICÉRON, XIII. (Oraisons, 8.)
53. PLAUTE, I.
54. PLINE LE NATURALISTE, X.
55. CICÉRON, XII. (Oraisons, 7.)
56. TITE-LIVE, XIV.
57. CICÉRON, XVIII. (Lettres, 1.)
58. STACE, III.
59. QUINTILIEN, III.
60. CICÉRON, XI. (Oraisons, 6.)
61. CICÉRON, IV. (Dialogue de l'Orat., 2.)
62. TITE-LIVE, II.
63. PLINE LE NATURALISTE, XI.
64. CICÉRON, IX. (Oraisons, 4.)
65. TÉRENCE, III. *Complet.*
66. VIRGILE, II. (Énéide, I.)
67. TITE-LIVE, XV.
68. SÉNÈQUE LE PHILOSOPHE, III.
69. QUINTILIEN, IV.
70. PLINE LE NATURALISTE, XII.
71. CICÉRON, X. (Oraisons, 5.)
72. STACE, IV. *Complet.*
73. TITE-LIVE, XVI.
74. LUCRÈCE, II. *Complet.*
75. HORACE, II. *Complet.*
76. PLINE LE NATURALISTE, XIII.
77. SUÉTONE, II.
78. PLINE LE NATURALISTE, XIV.
79. QUINTILIEN, V.
80. CICÉRON, XIX. (Lettres, 2.)
81. CICÉRON, XXVIII (Vrais Biens. Tuscul.)
82. CICÉRON, XIV. (Oraisons, 9.)
83. PERSE (un seul volume).
84. TITE-LIVE, IX.
85. PLINE LE NATURALISTE, XV.
86. TITE-LIVE, VII.
87. CICÉRON, XV. (Oraisons, 10.)
88. SÉNÈQUE LE PHILOS., V. (Lettres, I.)
89. CLAUDIEN, II. *Complet.*
90. VIRGILE, I. (Bucoliques. Géorgiques.)

LIVRAISONS.
91. PLINE LE NATURALISTE, XVI.
92. TACITE, VI. (Germanie. Agricola. Des Orateurs.)
93. PLINE LE NATURALISTE, XVII.
94. CICÉRON, XXVII (Académ. Des Biens.)
95. PLAUTE, II.
96. CICÉRON, XXXIII. (Dialogue sur l'Amitié. Les Paradoxes. Demande du consulat. Consolation.)
97. PLINE LE NATURALISTE, XVIII.
98. TITE-LIVE, XVII. *Complet.*
99. CICÉRON, XX. (Lettres, 3.)
100. SALLUSTE, II. *Complet.*
101. TITE-LIVE, X.
102. PLINE LE NATURALISTE, XIX.
103. CICÉRON, II. (L'Invention.)
104. SUÉTONE, III. *Complet.*
105. SÉNÈQUE LE PHILOS., VIII. *Complet.*
106. PLINE LE NATURALISTE, XX. *Complet.*
107. CICÉRON, XVI. (Oraisons, 11.)
108. SÉNÈQUE LE PHILOSOPHE, II.
109. SÉNÈQUE LE PHIL., VI. (Lettres, 2.)
110. SÉNÈQUE LE TRAGIQUE, II.
111. TITE-LIVE, III.
112. CICÉRON, XXI. (Lettres, 4.)
113. VIRGILE, III. (Énéide, 2.)
114. PHÈDRE (un seul volume).
115. CICÉRON, XVII. (Orais., 12 et dernier.)
116. TITE-LIVE, XI.
117. PLAUTE, III.
118. CICÉRON, XXII. (Lettres, 5.)
119. OVIDE, IX. (Tristes.)
120. SÉNÈQUE le PHILOSOPHE, I.
121. MARTIAL, I.
122. PÉTRONE, I.
123. SÉNÈQUE LE TRAGIQUE, I.
124. CICÉRON, XXIII. (Lettres, 6.)
125. OVIDE, VII. (Fastes, I.)
126. SÉNÈQUE LE TRAG., III. *Complet.*
127. CICÉRON, XXIX. (Tusculanes.)
128. SÉNÈQUE LE PHILOSOPHE, VII. (Lettre, 3e et dernier.)
129. MARTIAL, II.
130. PROPERCE (un seul volume).
131. CICÉRON, XXIV. (Lettres, 7.)

LIVRAISONS.
132. OVIDE, I. (Héroïdes.)
133. APULÉE, I. (Métamorphoses, I.)
134. TITE-LIVE, V.
135. CICÉRON, XXV. (Lettres, 8.)
136. TITE-LIVE, IV.
137. TACITE, II. (Annales, 2.)
138. TITE-LIVE, XII.
139. CICÉRON, I. (Rhétorique à Herennius)
140. OVIDE, IV. (Métamorphoses, I.)
141. OVIDE, VIII. (Fastes, 2.)
142. PLAUTE, IV.
143. MARTIAL, IV. *Complet.*
144. VIRGILE, IV. (Énéide, 3. Petits Poëm Géographie. Flore.) *Complet.*
145. LUCAIN, I.
146. CICÉRON, XXXIV. (Du Gouvernement Sur l'Amnistie.)
147. APULÉE, II. (Métamorphoses, 2.)
148. CICÉRON, XXVI. (Lettres, 9 et dern.
149. QUINTILIEN, VI. *Complet.*
150. PÉTRONE, II. *Complet.*
151. CICÉRON, V. (L'Orateur. Topiques. Partitions oratoires. Orateurs parfaits.
152. CICÉRON, XXXV. (Des Lois. Douze-Tables. Discours au peuple.)
153. MARTIAL, III.
154. SÉNÈQUE LE PHILOSOPHE, IV.
155. PLAUTE, V.
156. OVIDE, III. (Art d'aimer. Remèdes d'amour. Cosmétiques.)
157. LUCAIN, II. *Complet.*
158. OVIDE, V. (Métamorphoses, 2.)
159. TIBULLE et PUBLIUS SYRUS, I.
160. OVIDE, II. (Consolation. Halieutique Amours.)
161. APULÉE, III.
162. OVIDE, X. (Pontiques.)
163. PLAUTE, VI.
164. SILIUS ITALICUS, I.
165. PLAUTE, VII.
166. CICÉRON, XXXI. (Divination. Destinée)
167. PLAUTE, VIII.
168. CATULLE et GALLUS. *Complet.*
169. CICÉRON, XXXVI. (Fragments.) *Compl.*

www.ingramcontent.com/pod-product-compliance
Lightning Source LLC
Chambersburg PA
CBHW070741170426
43200CB00007B/603